Zu diesem Buch

Italien! In den fünfziger Jahren lag der lockende Süden für deutsche Teenager so weit weg wie heute Kalifornien. Die abenteuerliche Fahrt auf seinem Moped Marke «Vicky» von Feldafing nach Ravenna ist der Höhepunkt einer Pubertät im Wirtschaftswunderland.

Der Schriftsteller und Psychoanalytiker Schmidbauer erzählt, wie es weiterging nach seiner – von der Kritik gelobten, von den Lesern geliebten – «Kindheit in Niederbayern».

Eine Reise in die Vergangenheit für alle, die einst in Nyltesthemden schwitzten oder ihren Petticoat knistern ließen.

Zitat aus dem Vorwort: «Vor 15 Jahren fiel mir auf, wie wenig medizinische und psychologische Fachleute in der Lage sind, ihr Wissen auf ihr eigenes Leben anzuwenden. Die Suche nach einer Lösung hat mich von der Psychologie fort und in die Literatur zurückgeführt, zu Erinnerungen an die ursprüngliche Einheit von Poesie, Philosophie und Naturbeobachtung.

Handelt es sich um den Versuch, eine Menschlichkeit zurückzugewinnen, die ich durch den Status des psychologischen Experten zu verlieren fürchte? Sicher ist es eine heilsame Übung, sich mit der eigenen Pubertät zu beschäftigen, wenn es darum geht, die Fassaden des Erwachsenen zu erkennen, die so viel mit des Kaisers neuen Kleidern gemeinsam haben.»

Wolfgang Schmidbauer, geboren 1941 in München, verbrachte seine Kindheit in Bayern: auf dem großväterlichen Bauernhof in Deindorf, in der Honoratiorenvilla der anderen Großeltern in Passau, im Siedlungshäuschen der verwitweten Mutter in Feldafing. Studierte Psychologie in München, promovierte 1968 über «Mythos und Psychologie». Tätigkeit als freier Schriftsteller in Deutschland und Italien. Ausbildung zum Psychoanalytiker. Gründung eines Instituts für analytische Gruppendynamik. 1985 Gastprofessor für Psychoanalyse an der Gesamthochschule Kassel. Lebt als Psychotherapeut und Lehranalytiker in München. Ein Verzeichnis seiner zahlreichen Buchveröffentlichungen findet sich am Ende des vorliegenden Bandes.

Wolfgang Schmidbauer

Mit dem Moped nach Ravenna

Eine Jugend im Wirtschaftswunder

rororo

Rowohlt

Das Umschlagfoto zeigt den Autor und
seinen Bruder im Jahre 1957.

Originalausgabe
Veröffentlicht im Rowohlt Taschenbuch Verlag GmbH,
Reinbek bei Hamburg, April 1994

Umschlaggestaltung Walter Hellmann
(Foto Wolfgang Schmidbauer)
Satz Garamond
Gesamtherstellung Clausen & Bosse, Leck
Printed in Germany
990-ISBN 3 499 13259 1

Inhalt

Vorwort

Viele Leser von «Eine Kindheit in Niederbayern» haben mich ermutigt, den eingeschlagenen Weg weiter zu verfolgen. Dennoch fürchte ich, jene zu enttäuschen, die sich eine Fortsetzung erwartet haben. Zu verschieden ist die Welt der Pubertät von jener der Kindheit. Diese läßt sich leichter im Schimmer dessen sehen, was allein dadurch schön wird, daß es weit weg ist. Ich konnte mich gut von dem Kind distanzieren, es in Abstand rücken, bis es weder unscharf noch bedrängend war. In den ersten Kapiteln der «Pubertät im Wunderland» ging es nun um den *Verlust* der Kindheit. Bald geriet meine Darstellung ins Stocken. Erst als ich zwei Jahre lang meine Aufmerksamkeit anderen Dingen zugewandt hatte, entdeckte ich schrittweise den Grund für dieses plötzliche Desinteresse.

Das Kind ist weder leidenschaftslos noch asexuell, aber es lebte in einem Raum außerhalb der inneren Welt des Erwachsenen. Das gilt selbst dann, wenn dieser Erwachsene über Erlebnisse seiner Kindheit berichtet. Die Gefühle und Szenen aus dieser Zeit sind mir nicht peinlich, weil ich klar zwischen «damals» und «heute» unterscheiden kann. Kennzeichen der Pubertät ist hingegen, daß sich in ihr zum ersten Mal jene Mischung aus kindlichen und erwachsenen Anteilen bemerkbar macht, die in Zukunft das Erleben bestimmt. «Erwachsen» zu sein ist in der harten, klaren, alle kindlichen Elemente ausgrenzenden Fassung dieses

Ideals ein Erbe der Pubertät. Viele Erwachsene hecheln ein Leben lang hinter diesem Bild her, stets bereit, sich selbst zu verurteilen, gelegentlich erleichtert, weil sie auch anderen Mängel an ihrem Erwachsensein nachweisen können. Zum Aufwachsen unter den Bedingungen der Nachkriegsgeneration schien zu gehören, daß die eigene Kindheit behandelt wurde wie ein Stück Primitivkultur. Missionar und Kolonisator in einem, verfolgte der Heranwachsende seine weichen, abhängigen, untüchtigen Züge, entwertete sie, stellte einer von Schmutz und Hunger bestimmten Dunkelwelt Lichtgestalten von Leistung und Luxus gegenüber.

Wie eine Welle, die zu schnell geworden ist, überkippt, bricht und eine Gegenströmung entwickelt, so hat sich unser Fortschrittsglaube verändert. Begeisterungsfähige Abiturienten werden heute lieber Ethnologen als Missionare. Wenn der Glaube an die Überlegenheit unserer Fortschritts- und Leistungswelt gebremst wird, nimmt er sich auch zurück, läßt den «primitiven» Kulturen mehr Raum und Geltung. Dazu paßt eine Szenerie der Pubertät, in der nicht Gewinne idealisiert und Verluste verschwiegen werden. Gleichzeitig droht eine andere Verzerrung. Plötzlich treten aus dem Schatten der bislang gepflegten Verteufelung die guten Indianer den bösen Weißen entgegen, als ließe sich durch zwei Lügen, die untereinander ein Tauziehen veranstalten, die Wahrheit am besten ermitteln.

Wahrheit ist ein zu großes Wort. Wahrhaftigkeit oder Ehrlichkeit scheinen angemessener. Damit erträgt sich ein Beigeschmack des Peinlichen, Beschämenden leichter, der daraus entsteht, daß ich zum Konglomerat der Pubertät keinen gleichförmigen Abstand mehr herstellen kann. Manches ist mir da, wenn auch zeitlich kaum weniger fern als die Tage der Kindheit, noch unangenehm nah. Es nagt am Narzißmus des Erwachsenen. So soll ich gewesen sein? Die Kindheit scheint mir wie eine Kugel, deren durchsichtige, schillernde Wand ich in meiner Beschreibung streichelte. In der Pubertät ist sie zerbrochen, explodiert, die Scherben haben scharfe Kanten, manche Splitter sind immer noch nicht fest in Narbengewebe gebettet oder herausgeeitert.

Für jeden, der sieht, was die Menschheit mit sich anstellt, ist es ein Geschenk, gelegentlich am Rand des Abgrunds auszuruhen und sich zu sagen: Ich muß nicht besser sein, als ich bin. Zu diesem Innehalten scheint Interesse zu gehören, wie wir eigentlich so geworden sind – ein geschärftes Hinsehen, das oft genug durch die unbarmherzige Formel vom Stillstand, der Rückschritt ist, verhindert wird.

Ich frage mich, wie diese kommentierende Vorrede mit meiner eigenen Position zwischen der zweckgebundenen Sachliteratur und einer zweckfreien, nur ihrem poetischen Gesetz folgenden Erzählung zusammenhängt. Ist nicht auch diese innerhalb der Bücherwelt künstlich, nicht anders als die zwischen dem Kind und dem Erwachsenen? Ist das l'art pour l'art der Kunst wirklich so gut bekommen? Wäre es nicht an der Zeit, die Willkür solcher Grenzziehungen in Frage zu stellen, zu erkennen, daß viele der so gewonnenen Verbesserungen dieselbe Qualität haben wie geschälter Reis und weißes Mehl? Mein Zeitrahmen umfaßt die Jahre zwischen 1956 und 1962. Es sind die heute gelegentlich zur Ehre der Antiquitätengeschäfte kommenden «fünfziger Jahre», als Television und Motorisierung ihren Siegeszug durch das alte Europa begannen. Die Motive, zu schreiben, sind kaum weniger vielschichtig als die, zu lieben oder zu analysieren. Das psychologische Sachbuch hat es nur scheinbar einfacher, sich zu erklären. Reicht es denn aus, zu sagen: Mir ist das Problem der Angst vor Nähe bei meinen Patienten aufgefallen, und ich halte es für hilfreich, meine Beobachtungen und Lösungsvorschläge der Öffentlichkeit zugänglich zu machen? Wahrhaftig nicht, aber mancher Frager ließe sich wohl durch diese Antwort beschwichtigen, die in sein Bild des Experten als Dieners der Aufklärung paßt. Mindestens zwei Strömungen vereinigen sich: die Selbstkritik des Therapeuten, der immer klarer die Fragwürdigkeit einer abstrahierenden Beschreibung von Menschen erkennt, und die nie ganz aufgegebene Leidenschaft, das eigene Innere in Worten auszudrücken, die mich beherrschte, lange bevor ich auf den Gedanken kam, Psychoanalytiker zu werden.

Wer aus einer psychologischen Perspektive über das Leben und das Schicksal von Menschen schreibt, kann unmöglich der Rolle des Besserwissers entgehen. Er sucht nach Gesetzen, denen die Individuen folgen, erläutert ihnen, warum sie scheitern, schlägt bessere Lösungen vor (selbstverständlich beteuernd, daß es keine Patentrezepte gibt und Ratschläge auch Schläge sind). Ich will solche Bemühungen nicht entwerten. Sie bleiben Orientierungshilfen in unserer unübersichtlichen Welt. Aber ich will ihre Grenzen betonen. Vor zwölf Jahren fiel mir auf, wie wenig medizinische und psychologische Fachleute in der Lage sind, ihr Wissen auf ihr eigenes Leben anzuwenden. Die Suche nach einer Lösung hat mich von der Psychologie fort und in die Literatur zurückgeführt, zu Erinnerungen an die ursprüngliche Einheit von Poesie, Philosophie und Naturbeobachtung.

Handelt es sich um den Versuch, eine Menschlichkeit zurückzugewinnen, die ich durch den Status des psychologischen Experten zu verlieren fürchte? Sicher ist es eine heilsame Übung, sich mit der eigenen Pubertät zu beschäftigen, wenn es darum geht, die Fassaden des Erwachsenen zu erkennen, die so viel mit des Kaisers neuen Kleidern gemeinsam haben. Meine Ziele haben sich weniger geändert als die Form. Die (Fall)Geschichte wird zum Selbstzweck; Deutungen und Abstraktionen können sich im Kopf der Leser entfalten, über den Anreiz zum eigenen Erinnern hinaus. Schließlich enthält auch die Praxis der Psychoanalyse Elemente einer ursprünglichen Poesie, die in eine Zeit gehört, als der Dichter nicht abgeschieden vor einem Blatt Papier saß, sondern in Halle oder Zelt in Worte faßte, was ihn und seine Zuhörer anrührte. Auch des Psychoanalytikers vornehmste Aufgabe ist es, Worte zu finden, die Menschen bewegen; auch er tut gut daran, zu sehen, daß er diese nicht aus der Fabrik beziehen kann, sondern sie auf seinem eigenen Mist wachsen lassen muß.

W.S.

Vicky

Am zweiten Tag nach dem Umzug trat die Mutter in die Küche. «Ich habe es mir überlegt», sagte sie. «Beim Hausbau ist soviel Geld übriggeblieben, daß jeder von euch ein Moped haben kann. Außerdem kriegt ihr von jetzt an die Hälfte von euerem Waisengeld, für Benzin. Dafür müßt ihr die Fahrt ins Gymnasium zahlen, eure Bücher, Kleider und Schulsachen. Ich will damit nichts mehr zu tun haben.»

In Passau waren wir Kinder gewesen, der zwei Jahre ältere Ernst so gut wie ich. War meine Mutter nicht selbst ein Kind? Sie lebte bei ihren Eltern, wie wir mit ihr. Jetzt ist sie erwachsen geworden, ein zweites Mal, hat sich ein Haus gebaut, auf einem Grundstück, das sie selbst aussuchte. Von diesem Schritt dürfen wir einen Fußbreit abhaben. Wie Träumer, die fürchten, zu erwachen, näherten wir uns der Vorstellung, frei und mächtig zu sein, mindestens vierzig Stundenkilometer schnell. Der Mopedkauf war längst in meinem Kopf fertig gewesen, ehe ich zu glauben wagte, er könne Wirklichkeit werden. Es gab lange Gespräche über vergleichende Mopedkunde mit dem Bruder. Bienenfleißig besuchten wir die drei Zweiradhändler in Passau, trugen dicke Prospektbündel nach Hause. Mein Entschluß stand fest. Eine DKW-Hummel mußte es sein. Mich faszinierte die Dreigangschaltung, mit der die Hummel alle vergleichbaren Modelle ausstach. Fast wie ein richtiges Motorrad, eine Lux oder Max von NSU, gar die unübertreffliche BMW 250 mit ihrer polierten Kardanstange statt der schmutzigen, verschleißanfälligen Kette. Auch den Rahmen mit integriertem Tank mußte mein Moped haben. Wie die Heinkel Perle. Technische Einzelheiten der Prospekte gruben sich in mein Gedächtnis wie magische Formeln. Verwindungsfreier Zentralrahmen, robuster Zweitaktmotor, Schwungradlichtmagnetzündung, gekapselte Kette im Ölbad, Aluminium-Trommelbremsen vorne und hinten. Immer wieder las ich, beschaute die Bilder, wählte.

Als ich mit den sechs Hundertmarkscheinen aus der Hand meiner Mutter nach Weilheim fuhr, unterlag ich dem ersten Verkäufer. Er verkaufte mir eine Vicky von Viktoria. Es war das neue Modell, mit Dreigangschaltung (das tröstete mich über den Verlust der Hummel), Rahmentank, hellblau. Ein Breitbandscheinwerfer gab Vicky ein verzerrtes, breitmäuliges Grinsen. In dem Lenker aus gepreßtem Blech staken wie Spiegelscherben in einer Mauer zwei chromglänzende Halbkugeln, Warnglocken. Ein Versuch Vickys, sich von seinen Ahnen zu emanzipieren. Andere, niedrigere Mopeds trugen schlichte, wirkungsvolle Fahrradklingeln. Der Ton dieser Doppelglocken, umständlich durch einen Bowdenzug ausgelöst, übertönte kaum das Knattern des Zweitaktmotors.

Als ich radfahren lernte, sprangen mich die Ereignisse an wie wilde Tiere. Da waren die Lenkergriffe, die mir aus den Händen rutschten, da die Querstange, die mich zwischen die Beine stieß, da ein Pedal, das sich in die Wade bohrte. Mit jedem dieser Feinde kämpfte ich einzeln, planlos, mit verbissener Geduld. Endlich, ich wußte nicht, wie es gekommen war, der Triumph. Das Fahrrad fügte sich zusammen, unterwarf sich, wurde aus einem störrischen Gegner zu einem Freund, der sich lenken ließ, mich in Windeseile nach Untertürken und Seibersdorf brachte, wohin ich bisher endlos einen müden Fuß nach dem anderen hatte setzen müssen.

Beim Mopedfahren hatte ich genaue Vorstellungen der einzelnen Teile, der Hebel und Leitungen für Dekompression, Kupplung, Gas und Gangschaltung. Schemazeichnungen von Explosionsmotoren und Fallstromvergasern waren in meinem Kopf, ehe ich das erste Mal im Sattel saß. Ich ließ mich nicht durch Empfindungen verwirren, sondern handelte nach Plan. Die Anweisungen des Verkäufers waren lästig. Schließlich *wußte* ich genau, wozu die einzelnen Bedienungselemente nützlich waren. – «Sie werden in ganz Weilheim keine Hummel finden. Es gibt keinen DKW-Händler hier», hatte der Verkäufer gesagt. Wenn ich die Vicky nicht nahm, mußte ich ohne Moped nach Hause. Aber ich konnte unmöglich warten.

Vorsichtig gab ich Gas. Als ich auf dem Heimweg zu der langen Steigung des Hirschbergs kam, kletterte Vicky mit einem eifrigen Brummen hoch, das nur einen Ton tiefer wurde. Ich *wußte*, daß Steigungen im ersten Gang bewältigt werden. So schaltete ich zurück. Das freundliche Brummen verwandelte sich in ein wüstes, besorgniserregendes Kreischen und Heulen. Ich hielt sofort an, untersuchte panisch das Moped. War etwas kaputt? Äußerlich schien alles in Ordnung. So wollte ich weiterfahren, achtete aber beim Auskuppeln nicht auf die Steigung. Der Motor stotterte und erstickte. Ich startete ihn wieder und würgte ihn wieder ab. Ich war verzweifelt und half mir das dritte Mal dadurch, daß ich aus Leibeskräften in die Pedale trat, bis sich Vicky wieder gesund anhörte. Besorgt fuhr ich nach Hause. Die Hummel wäre besser gewesen! Sie hätte mir das nicht angetan.

Ein Lektor schickte mir, meine Gedichte für die «Akzente» zurück. Ich tröstete mich mit der Vorstellung, ich sei zwar dem Kalender nach 19, aber in Wirklichkeit erst zwei

Jahre alt. Denn so lange erst war ich in der Lage, über mich nachzudenken, mich der Welt gegenüberzustellen, mich dauerhaft von anderen Menschen zu unterscheiden. Ich hatte noch alle Zeit der Welt.

Bestrebt, die Kindheit zurückzulassen, habe ich damals nur festgestellt, daß sie vorbei sei. Das Kind war mit der Welt verbunden, ohne über sie nachzudenken. Mein Verstand diente mir, Lust zu suchen und Unlust zu vermeiden, Eindrücke zu ordnen. Die Vernunft blieb Eigentum der Mutter. Sie war zuständig, wo ich mit meinen Verknüpfungen nicht mehr weiterkam, wenn meine Voraussicht aufhörte oder eine Krankheit mein Inneres in Unordnung brachte. War es, daß ich plötzlich öfter allein war und an etwas *dachte*, statt zusammen mit dem Bruder, mit der Mutter, mit einem Buch etwas zu *tun*? Dachte ich, um den schieren Überfluß an Vorstellungen über mich und die Welt zu ordnen, zu denen jeden Tag neue kamen? Mußte die schiere Quantität in eine neue Qualität umschlagen? Ich schaute in den Badezimmerspiegel und sagte mir: das bist du, und in diesem Kopf spielt sich das alles ab. Konnte ich so wieder einen Schwerpunkt in das Chaos bringen? Lag früher alle Bedeutung meines Lebens darin, Reizen des Augenblicks zu folgen, so wollte ich jetzt eine Richtung finden. Ein vorausgeplantes Ziel, das unauffindbar blieb, weil ich es nur abstrakt fassen konnte.

Die Prärieindianer zogen in die Wildnis, ohne Nahrung, ohne Wasser, bis ihre persönliche Vision, ihr lebensentscheidender Traum, ihnen einen Schutzgeist gab, einen Begleiter in die Welt der Erwachsenen. Die Firmung hätte diesem Ritus entsprechen können. In ihr erhielt man einen Paten, eine Uhr, den heiligen Geist durch Salbung und Bischof-Backenstreich. Aber das gehörte zur Kindheit. War Vicky ein Schutzgeist? Vielleicht erfüllte sie eine ähnliche Aufgabe: Übergangszeit zu ordnen, Halt in Ungewißheit, ein berechenbares, klares, hilfreiches, «gutes» Stück Welt. Sie trug mich fort von zu Hause. Die neuen Fahrten waren anders als die mit dem Bund Neudeutschland in den Bayerischen Wald, mit Gruppenführer und Hordentopf. Vicky mußte gepflegt werden, das Getriebeöl kontrolliert und gewechselt, die Kette geschmiert, der Vergaser gereinigt, die Ölkohle aus den Kanälen im Zylinder gekratzt. Aber diese Pflege war von ganz anderer Konsequenz und Logik als die Pflege meiner Kanarienvögel. Die Mutter konnte nicht helfen. Von Motoren verstand sie nichts. Der Bruder geizte mit seinem Wissen. So las ich immer wieder die Betriebsanleitung und die von Aral und Shell verteilten Ratschläge zur Wartung eines Motorrads.

Ich war gefesselt von diesem Motor, der sich aus eigener Kraft bewegte, durch das Zusammenwirken von Kolben, Zylinder, Zündkerze, Zündfunken, Vergaser, Luftfilter. Wie sich Flüsse aus vielen kleinen Rinnsalen zusammensetzen, so hatte der Strom, der aus dem Vergaser kam und im Zylinderkopf verdichtet wurde, vielfältige Verästelungen, die Schwimmer, Schwimmernadel, Leerlauf-Düse, Drosselklappe und Ansaugfilter hießen, während man aufwärts vom Zündfunken, der zwischen den beiden Polen der Zündkerze zweitausendmal pro Minute überspringen sollte, Nebenflüsse wie die Zündspule, die Unterbrecherkontakte und den Kondensator fand, jeder von ihnen wieder ein Rätsel für sich. Dieser Motor durfte nicht ztrifelt werden, in sinnlich faßbare Einzelteile aufgelöst! Ich mußte ihn in seiner Ganzheit verstehen, ihn pflegen, ihn möglichst ohne jene Fehler behandeln, die dazu geführt hätten, daß er Schaden litt. Vicky erfuhr eine ängstlich geplante Fürsorge. Ich bemühte mich, alle paar Kilometer kurz das Gas wegzunehmen und dann wieder zu beschleunigen, weil das angeblich die Verdauung eines Zweitaktmotors förderte. Ich beobachtete genau, ob der Tankwart auch das richtige Öl in das Benzin tat, mit dem Vicky in regelmäßigen Abständen gefüttert werden mußte. Sie schluckte anderthalb Liter auf hundert Kilometer.

Allmählich wurde ich selbstbewußter. Ich nahm meine Wahrnehmungen wieder ernst. Wenn Vicky zufrieden brummte, war alles in Ordnung. Wenn sie stotterte und spuckte, mußte der Benzinhahn in die Reservestellung: noch zwanzig Kilometer bis zum Nachtanken. Wenn sie am Berg nicht mehr richtig zog, waren die Auslaßschlitze mit Kohle zugesetzt – ich hatte inzwischen gelernt, wie man den Zylinderkopf abschraubte und sie wieder freikratzte. Mit dem Selbstbewußtsein wuchsen auch die Versuchungen. Mopeds *durften* nicht schneller fahren als 40 Stundenkilometer. Aber jeder wußte, daß sie schneller fahren *konnten.* Dazu mußte man sie frisieren. Mein Bruder beschrieb die verschiedenen Verfahren. Man schraubte eine größere Zündkerze ein – das führte dazu, daß die Verdichtung anstieg und mit ihr die Leistung. Rücksichtslos tüchtige Mechanikerlehrlinge frästen ein Stück vom Zylinderkopf, um auf diese Weise Mopeds bis zu Geschwindigkeiten von 60 Stundenkilometern und mehr zu bringen. Der Auspuff mußte (trotz der Warnungen in der Betriebsanleitung) ebenfalls verändert werden. Schließlich ließ sich die Übersetzung durch den Einbau eines Zahnrads mit mehr Zähnen schneller machen.

Von allen Möglichkeiten schien die letzte am ehesten meinen Ansprüchen gerecht zu werden. Vicky wurde nicht einer großen Operation mit unsicherem Ergebnis unterzogen, sondern nur umgerüstet. Jederzeit konnte ich das alte Ritzel wieder auf die Antriebswelle stecken. Tatsächlich steigerte Vicky ihre Geschwindigkeit in der Ebene (liegend gefahren) auf 45 Stundenkilometer. Als ich, viel früher als in der Betriebsanleitung empfohlen, den Auspuff zerlegte, um ihn zu reinigen, fuhr ich probehalber eine Runde. Vicky war zu einem brüllenden Ungetüm erwacht. Sie knallte wie ein Maschinengewehr. Schneller war sie nicht geworden. Dennoch zwickte ich vorsichtig zwei Stücke aus dem Aluminiumguß-Labyrinth des Schalldämpfers. Das gab einen härteren Klang und war streng verboten.

Die Mutter hatte die Mopeds gewährt, weil sie dachte, wir würden sie brauchen, um in die neue Schule zu kommen: das Gymnasium in Weilheim, rund achtzehn Kilometer entfernt. Es zeigte sich schnell, daß eine Schülermonatskarte für damals sechs Mark (mit Geschwisterermäßigung) weit billiger und bequemer war. Wir kauften sie mit dem Gefühl, der Mutter einen Streich zu spielen. Sie konnte ihre großzügige Zusage, die Hälfte des «Waisengeldes» (so hieß unser Anteil an der väterlichen Pension), nicht mehr zurücknehmen. Das eigene Geld trat so plötzlich in mein Leben wie der Motor. Mit beiden ging ich ähnlich um: mehr von Angst bestimmt, Fehler zu machen, als von Lust oder gar Draufgängerei.

Ich war sehr sparsam, bemühte mich immer, weniger auszugeben, als ich bekam, und beschwichtigte eine schwer zu fassende Unsicherheit durch das Anwachsen der Summe auf meinem Sparbuch. Mit geringen Mitteln weit zu kommen befriedigte mich. In der Fabel war ich auf der Seite der Grille und fand die Ameise widerwärtig in ihrer kleinlichen, geizigen Rachsucht. Aber im Leben war ich selbst die Ameise, stets bestrebt, Vorrat für schlechte Zeiten zu schaffen. Von den Fahrten in den Bayerischen Wald brachte ich immer einen Teil des mitgenommenen Geldes wieder zurück. Es widerstrebte mir, alles auszugeben, was ich hatte. Ich wäre lieber die Grille gewesen. An einer Grille wie mir hätte jede Ameise Gefallen gefunden.

In welche Panik ich geriet, wenn der sorgfältig gehütete Notvorrat wirklich gebraucht worden wäre! Ich war zwölf Jahre alt und hatte einen vom bischöflichen Ordinariat ausgestellten Zettel, dessen Text sich auf die Bahnfahrt zum Jugendlager bezog und mir den festen Glauben verlieh, ich könne damit umsonst reisen. In meiner damaligen Welt war die Macht des Passauer Bischofs größer als die eines Bahnschaffners. Im Lager blieb ich ein Außenseiter. Die anderen kannten sich von den Gruppenabenden der Pfarrjugend her. Wir wurden mit Marmeladebroten *ohne* Butter und Wasser mit Himbeergeschmack verpflegt. Schlachten mit Tannenzapfen, ein Ausflug auf den Lusen, Wanderungen im Fackellicht, ein Lagerführer, der so überzeugend Geschichten von einem einbeinigen Gespenst aus dem Dreißigjährigen Krieg erzählte, daß wir die halbe Nacht auf das Erscheinen des Unholds warteten. Endlich fuhr ich nach Hause, wieder allein. Da traf ich auf einen Schaffner, der die Gültigkeit meines Papiers schlichtweg bestritt. Ich sollte einen Betrag nachzahlen, der den gesamten Rest meiner Finanzen aufgezehrt hätte, mit denen ich stolz meine Sparbüchse füttern wollte. Ich versuchte den Schaffner mit vielen Gründen zu überzeugen, fing aber mittendrin zu weinen an und war schon fast bereit, an meinen Notgroschen zu gehen, als sich eine ältere Dame, die den Streit verfolgt hatte, durch mein Schluchzen rühren ließ und für mich bezahlte. Ich dankte ihr sehr und dachte an meinen geretteten Schatz – halb mit schlechtem Gewissen (denn die Dame wäre sicher weniger großzügig gewesen, wenn sie davon gewußt hätte), aber auch mit leisem Triumph, daß nicht ich selbst, sondern ein Erwachsener für den Fehler des Bischofs einstehen mußte.

Vier Jahre blieb ich Vicky treu, dann verließ ich sie zugunsten Isettas. Ich verkaufte sie einem gutgekleideten Geschäftsmann, der die Anzeige an der Anschlagtafel der Gemeinde Feldafing gesehen hatte, als er an einer Tagung im Hotel «Kaiserin Elisabeth» teilnahm. Er handelte mich mit dem Angebot sofortiger Barzahlung um fünfzig Mark herunter. Ich war so verblüfft, daß mir die Frage, wie um Himmels willen er mich sonst hätte bezahlen wollen, erst hinterher einfiel. Bevor die Isetta Vicky zu einem Leben im Keller verurteilte, hatte ich sie mit einer rot-grünen Sitzbank statt des weißen Gummisattels ausgerüstet. Auf ihr endlich ein Mädchen mitzunehmen, blieb Phantasie; der nützliche Gepäckträger war aber wirklich verloren.

Die Brüder

Mein Bild der Familie ist ein gleichschenkliges Dreieck. Je mehr Raum es umschließt, desto weiter entfernen sich die Seiten voneinander. Mein Bruder und ich wurden durch die Mutter verbunden. Je weiter wir uns von ihr fort in andere Bereiche und Beziehungen hinein entwikkelten, desto weiter kamen wir auch auseinander. Meine Mutter behandelte uns möglichst gleich. Eine ungerechte Gerechtigkeit, denn Ernst war zwei Jahre älter als ich. Ich strengte mich an, mitzuhalten. Er verhielt sich, abgesehen von seiner Begabung für alles Technische, eher passiv. Meine Mutter hatte nur ein Kind, dessen Alter zwischen uns lag. Schließlich war sie auch nur eine Mutter. Jeder von uns, Ernst und Wolfgang, waren eine Hälfte dieses Kindes.

Kastor und Pollux, die Söhne des Zeus, waren einander ähnlich wie ein Ei dem anderen, so unzertrennlich, daß der eine nicht leben konnte ohne den zweiten. Eteokles und Polyneikes, Ödipus' Söhne, töteten sich im Kampf um den Besitz Thebens. In Hollywoodfilmen gibt es die Story von der Notgemeinschaft zweier aneinandergeketteter Häftlinge, die zusammen fliehen, obwohl sie sich nicht leiden können. Ihr Haß verwandelt sich in den gemeinsam bestandenen Gefahren allmählich in Achtung, in Freundschaft. Am Ende rettet der eine mit eigener Lebensgefahr den anderen.

Aber die beiden sind erwachsene Männer, als sie aneinandergeschmiedet werden. Wir waren Kinder, er vier, ich zwei

Jahre alt, als unser Vater «fiel» und sich das Dreieck schloß. Wir suchten Halt aneinander. Sobald wir ihn anderswo fanden, verbanden uns nur noch Erinnerungen. Die Notgemeinschaft ist zu keiner Freundschaft geworden. Lange Zeit sind Freunde, ein wenig älter als ich, für mein Leben sehr wichtig gewesen. Die Zeit unmittelbar nach dem Umzug, als wir siebzehn Jahre alt waren und beide eine Vicky hatten, markierte den Höhepunkt und das Ende der Notgemeinschaft. Wir machten noch zwei große Reisen zusammen, jeder für sich auf seinem Moped, immer auf Sichtweite mit dem anderen verbunden. Dann riß die unsichtbare Nabelschnur.

Warum wollte ich nach Ravenna? Es war mein Plan. Der Bruder schloß sich an, wortkarg wie immer. Jeder hatte seinen Schlafsack und sein Zelt (es wäre keinem eingefallen, sein Zelt mit dem anderen zu teilen). Ravenna war die Stadt des Dietrich von Bern, das Raben der germanischen Sage («Rabenschlacht»), die in den Büchern meines Großvaters nacherzählt war. Dort gab es die ältesten Kirchen Europas, mit Mosaiken, die noch den verlorenen Zauber der oströmischen Kunst bewahrt hatten. Ein Jahr vorher hatte ich zu Weihnachten eine zweibändige «Kunstgeschichte Europas» erhalten. Den Textband hatte ich bald ausgelesen. Immer wieder blätterte ich im zweiten Teil, der schmäler war und schwerer wog. Neben Eva, Lucrezia und der nackten Maja fesselte mich die romanische Kunst, das frühe Mittelalter, eine Zeit, die weder von Griechen und Römern noch von den zu hoch entwickelten Formen der gotischen oder gar barocken Europäer beherrscht war, einfach, ursprünglich, geheimnisvoll. Tiere, die ich so liebte, spielten in der Romanik eine wichtige Rolle. Ich stand vor den Löwen und Greifen, die runde Säulen mit Knoten trugen. Ich wußte nicht, was sie bedeuteten, aber ich legte die Hand in ihre Mäuler.

Ravenna war die Wiege der romanischen Kunst, der Ursprung, älter und zugleich besser erhalten als alles andere, von dem ich wußte. Außerdem lag es am Meer. Wir hatten noch nie das Meer gesehen. Wir trafen auf Städte am Weg, die mit verheißungsvollen Namen lockten: Innsbruck, Udine, Venedig. Die alten Fahrradpacktaschen paßten auch an die Vicky. Darüber lag eine dicke Rolle mit Zelt und Schlafsack, in den Kleppermantel gewickelt. Wir trugen Windjacken und Manchesterhosen. Meine ersten Jeans (Marke «Mustang») waren mir zu kostbar für die Reise. Es war 1957, die Straßen lagen staubig, von Frostaufbrüchen gezeichnet vor uns.

Fahren, fahren, fahren... in der Poebene war es so heiß, daß wir halbnackt auf den Mopeds saßen und jede Berührung mit dem Metall vermieden. Als wir an den großen Fluß kamen, der wie geschmolzenes Blei in den Schlacken seines Sandbettes dahinkroch, beschlossen wir, ihn zu durchschwimmen wie einst den Inn. Der heiße Sand zwang uns einige Schritte so schnell wie möglich zu hüpfen und dann eine Grube zu wühlen, deren kühlerer Grund uns nicht die Füße versengte. Das Wasser war grau vom Schlamm und angenehm kühl. Die Strömung trug uns in einem stumpfen Winkel zum anderen Ufer – nicht zu vergleichen mit dem reißenden Inn, der einem lange Wege auf dem Uferdamm abnötigte, wenn man wieder am Ausgangspunkt landen wollte.

Überall gab es Spuren von Festungen, die sich für unser Empfinden in den letzten Krieg zusammenzogen – Kasematten im Stein der Dolomiten, österreichische Forts bei Franzensfeste, Bunker bei Cortina d'Ampezzo. Wir krochen in ihnen herum, auf der Suche nach Schätzen, Waffen – und fanden nur schmutzige Papierfetzen.

Venedig überforderte mich. Ich war auf Ravenna, auf wenige, ausgesuchte, alte Kirchen eingestellt, nicht auf eine hier erhaltene, sonst überall versunkene Welt. Wir verliefen uns, wie man sich nur in Venedig verlaufen kann, prallten an Stellen auf den großen Kanal, wo wir ihn zuletzt vermutet hätten. Der ernsthafte Mann in einer Uniform, die mich an die Seeleute aus der «Schatzinsel» erinnerte, blieb am längsten in meinem Gedächtnis. Symbol der Stadt, die sich meiner erwehrte und mich nicht einließ, stand er vor San Marco und hinderte mit eindrucksvollen Gesten, rollenden Augen, gebieterischem Heben eines Stocks mit Messingknauf die spärlich bekleideten Fremden, in das heilige Dunkel einzutreten. Sie sollten draußen bleiben bei den lästigen Tauben. Obwohl ich von ihm nicht beachtet wurde, konnte ich mit der Kirche nichts anfangen. Nur die Tauben waren vertraut. Sie wirkten zerzauster und hungriger als unsere Tauben in Deindorf, die von der Oma gerupft und gebraten worden waren.

Weil wir jetzt endgültig in Italien waren und noch kaum etwas ausgegeben hatten außer für Benzin (in das wir sorgsam unsere mitgebrachten Döschen selbstmischendes Zweitaktöl gossen, damit die Vickys zufrieden liefen), kaufte sich jeder von uns eine typische, strohumflochtene Flasche mit Wein. Ich packte die meine in die Schlafsack-Zelt-Rolle, während mein Bruder die seine öffnete und kostete. Er war gieriger als ich, hatte seinen Teller mit Weihnachtsgebäck schon geleert, wenn ich noch nicht mit meiner Einteilung fertig war, welche Plätzchen ich zuerst essen wollte, welche später. Erleichtert, diese wirre Stadt hinter uns zu lassen, fuhren wir nach Süden, in Richtung Porto Garibaldi.

Die Straße führte durch kaum trockengelegtes Lagunengelände mit Dämmen, Linien in einem karierten Heft. Wir übernachteten in einem Pinienwald, zwischen vielen Betonbunkern, in den Sand vergrabene Riesenschildkröten, die in ihren Rücken die Hitze des Tages speicherten. Mein Bruder wurde nach dem Abendessen (einer Tütensuppe, auf einem kleinen Benzinkocher zubereitet, Brot und Margarine) plötzlich auffallend gesprächig. Er stolperte zwischen den Bunkern umher und schüttete sich aus vor Lachen, wenn er eine Sanddüne hinunterrutschte, weil er nicht mehr sicher auf den Beinen war. Ich fragte ihn, was er denn habe, ob er krank sei oder spinne. Das schien seine Heiterkeit noch zu steigern.

Endlich entdeckte ich, daß er seine Chiantiflasche fast ausgetrunken hatte. Wie zwischen uns üblich, hatte er mich weder eingeladen noch von seinem Zechen unterrichtet. Am nächsten Morgen war er mürrischer und schweigsamer als sonst. Wir schüttelten den Sand aus Zeltbahn und Schlafsack, wühlten die Aluminiumheringe aus dem Boden und fuhren weiter, ohne über sein Verhalten am Abend zu sprechen. Sein Wein war besser angelegt als meiner. Irgendwo auf der Rückfahrt zerbrach die Chiantiflasche. Ich merkte es erst, als sich ein großer roter Fleck an meiner Rolle aus Schlafsack, Zelt und Regenmantel abzeichnete, als würde ich eine Leiche verbergen. Es war nichts mehr zu retten. Nie würde ich zu Hause in meinem Zimmer sitzen und eine würdige Verwendung für diese Chiantiflasche (sie hatte 400 Lire gekostet) erwägen. Dafür mußte ich eine Nacht das Zelt um mich wickeln, den wie einen Schwamm durchfeuchteten Schlafsack als Unterlage verwenden und in einer Wolke von Weingeruch schlafen.

Wir kauften Käse, eine Melone und Brot. An den Dorfbrunnen füllten wir unsere mit Filz bespannten Feldflaschen (ein Erbe des Vaters). Wir zelteten im Ödland. Wenn wir es nicht fanden (wie in der Poebene, wo alles Acker war), auf einem abgeernteten Weizenfeld. In den Städten trabten wir durch Kirchen und Museen. Ich gab mir Mühe, anzuwenden, was ich über Kunstgeschichte gelesen hatte. Aber ich war erleichtert, wenn wir hinaustraten in das staubige Licht mit seinen harten Schatten, wenn wir die schweren Guzzi-Motorräder der Polizia Stradale bewunderten, an denen sich große Schwungscheiben aus poliertem Stahl drehten, oder uns aufregten, daß die italienischen Mopedfahrer mit dem Dekompressionshebel vor Kreuzungen bremsten, was nach der Vicky-Betriebsanleitung unbedingt zu vermeiden war, um das Dekompressionsventil nicht zu überhitzen.

Italien stand an der Schwelle der Motorisierung. Wir sahen wenige Autos, kleine Topolinos, schöngeformte Lancia-Modelle und Alfa-Romeos mit ihren spitzen Schnäuzchen. Auf dem Land, in den Dörfern, gab es Motorräder, Lambrettas und Vespas (besonders fesselten uns die nicht verkleideten, an denen man wie in einem Anatomieatlas oder an einem Aktfoto erforschen konnte, was sonst die Karosserie der Motorroller verbarg). Viele Fahrer winkten uns zu. Wenn wir nach dem Weg fragten, geschah es nicht selten, daß uns einer mit seiner Lambretta ein Stück geleitete, uns an der entscheidenden Kreuzung mit heftigen Gesten in die gewünschte Richtung einwies und dann, als gälte es die verlorene Zeit aufzuholen, pfeilschnell in einer Qualmwolke entschwand. Doppelt erleichtert, weil er uns gefällig gewesen und sich so schnell empfohlen hatte, winkten wir ihm nach (denn wir waren besorgt, ob er nicht für dieses Übermaß an Entgegenkommen plötzlich die Forderung nach einem Lohn erheben würde).

Was aus späteren Reisen vertraut ist, war mir damals fremd: Orte zu suchen, an denen ich bleiben möchte – diesen Balkon über der Piazza delle Erbe in Verona, dieses Fenster mit dem Blick auf die Lagune, diesen verlassenen Leuchtturm hoch über Chiessi, diese vom Meer in den Fels genagte Höhle neben dem Süßwasserbach in der zweiten Bucht westlich von Plakia. Es war, als ob wir erst zu Hause wieder zur Ruhe kommen dürften. Selbst Ravenna minderte diese Rastlosigkeit nicht. Ich stand vor Theoderichs Grabmal, das tief in den Boden gesunken war, als sei er zu weich, um die Last des mächtigen Monolithen zu tragen, den ein Blitz gespalten hat. San Apollinare nuovo, San Vitale, ich spürte wenig vom Zauber der Kunst, den ich gesucht hatte.

Die Mosaiken hatten mir gut beleuchtet auf farbigen Bildern besser gefallen als jetzt, wo ich Mühe hatte, sie im Halbdunkel zu erkennen, und mich so viele andere Eindrücke ablenkten.

In San Vitale stand das Wasser auf dem Mosaikboden. Man mußte über hölzerne Stege laufen, wie in einer untergehenden Stadt. Nur in dem kleinen Grabmal der Galla Placidia empfand ich die Magie eines verschwundenen Glaubens. Die Mosaiken waren zum Greifen nah, bunte Vögel spielten zwischen grünen Ranken. Selbst hier machte mir eine nebensächliche Einzelheit den tiefsten Eindruck. Statt Glas hatten die Erbauer Alabasterscheiben in die Fensterluken gesetzt. Der rauh gesägte, durchscheinende Stein bewölkte das Sonnenlicht. Es war als sei ich in einem unterirdischen Reich und draußen warte, von einem Goldfaden umspannt, König Laurins Rosengarten.

Aber draußen leuchtete eine grelle Sonne, Staub legte sich auf die düsteren Zypressen, und ein Moped mit einem winzigen Viertaktmotor fuhr vorbei. Es machte Lärm wie ein Traktor. An der Einfahrt stoppte der Fahrer mit dem hektisch ersterbenden Schnüffeln des Dekompressionsventils. Wir setzten uns in den Schatten eines Triumphbogens und schauten auf die Karte. San Apollinare in classe hatten wir noch nicht gesehen. Das war draußen, in Richtung Meer. Plötzlich schien die Hitze unerträglich. Wir mußten baden. So verließen wir die Stadt mit einem flüchtigen Eindruck ihrer Mosaiken und suchten den Pinienwald, die Marina di Ravenna.

Der Sand glühte. Wir badeten. Mühsam schien es uns. Man brauchte so lange, um ins Wasser zu kommen und schwimmen zu können, wie es zu unserer Vorstellung vom Baden gehörte. Die wenigen Italiener, die überhaupt ins Wasser gingen, schienen zufrieden zu sein, bis zu den Knien drinzustehen. Recht bald wußten wir nichts mehr mit uns und dem Meer anzufangen. Wir spazierten auf und ab, sammelten Muscheln und warfen sie wieder weg, bis endlich einer den Vorschlag machte: «Eigentlich könnten wir noch ein Stück fahren.» Ich war erleichtert. Es ging wieder nach Hause. Solange wir fuhren, erstarb die Frage nach dem Sinn des Ganzen. Wir mußten uns nicht damit beschäftigen, wie wenig wir einander zu sagen hatten. Die Zweckgemeinschaft war so eng gewesen, daß über sie hinaus kein Interesse für den anderen Raum hatte. Waren wir in ein Wesen verschmolzen, um der Mutter (und uns) den fehlenden Vater zu ersetzen? Jedenfalls erging es uns wie getrennten siamesischen Zwillingen. Wo sie bisher verwachsen waren, sind sie nun unempfindlich, vernarbt. Wir mußten uns weit voneinander entfernen, weil wir einst nahe beisammen waren.

Ich war weder erschüttert noch traurig, sondern ratlos, als mein Bruder sich immer weiter von mir zurückzog und kaum mehr mit mir sprach. Heute vermute ich, daß er mein Verhalten als Verrat empfand. In unserer Kampfgemeinschaft hatte ich den Außendienst, die Kontakte und Beziehungen zur Mutter, zu Bekannten verwaltet. Das machte es mir leichter, neue Freunde zu finden, mit denen mich bald mehr verband als mit ihm.

In den letzten zehn Jahren haben wir uns zweimal gesehen, obwohl wir in derselben Stadt wohnten und nebeneinander im Vorlesungsverzeichnis derselben Universität standen: bei der Beerdigung der Passauer Oma und beim 70. Geburtstag meiner Mutter. «Ihr wart unzertrennlich», sagte meine Mutter kopfschüttelnd dazu. «Ich verstehe das nicht. Aber der Ernst will nichts von dir wissen. Er sagt nicht warum. Nur einmal hat er gesagt, du seist ein Blender. Du würdest ihn immer niederreden. Das war damals, als er zwei Jahre lang kein Wort mehr mit dir geredet hat, sondern ich es dir ausrichten mußte, wenn es sich nicht vermeiden ließ.»

Das mit dem «Blender» kränkte mich damals tief. Ich suchte nach Gegenvorwürfen – seinen Rückzug fand ich schwächlich und feige. Aber er hatte etwas getroffen. Zu «Blender» fällt mir eine Szene aus den «Drei Musketieren» ein. Der junge d'Artagnan, eben in Paris angekommen, will an dem Musketier Porthos vorbei, der auf einer Treppe steht. Porthos trägt trotz der Hitze einen langen Mantel – angeblich ist er erkältet –, der den hinteren Teil seines prächtigen goldenen Degengehänges verbirgt. D'Artagnan kommt im Gedränge mit dem Kopf unter den Mantel und entdeckt, daß der hintere Teil des Gehänges aus schlichtem Leder gefertigt ist. Weil er es sich nicht verkneifen kann, in einem Wortwechsel darauf hinzuweisen, wird er von Porthos zum Duell gefordert.

Wie Porthos fühlte ich mich oft. Ich prunkte mit Wissen und Sprachfertigkeit, mit Kritik und Belehrungen, die meine Angst verbergen sollten. Ich konnte den Mund nicht halten, mein Bruder den seinen nicht aufmachen. Die Trennung der Unzertrennlichen hatte mich als Blender, ihn gesichts- und sprachlos zurückgelassen. Ich ging daran, mir aus Worten die Rüstung zu schmieden, die ich als Kind in den Sagen vom hürnernen Siegfried und von der undurchdringlichen Brünne Kaiser Ortnits gesucht hatte. Dieses Ideal, unangreifbar zu sein, und mich vor allen Kränkungen zu schützen, steigerte meine Verletzlichkeit. Der Panzer mußte immer wieder geflickt und verstärkt werden.

Solange wir auf den Mopeds saßen, die dicken Zeltrollen auf dem Gepäckträger, in Sichtweite, aber ohne die Möglichkeit, miteinander zu sprechen, war alles gut. Ich fühlte mich sicher, obwohl mich der Bruder hängen ließ, als ich eine Reifenpanne hatte und sie nicht selbst reparieren konnte. Das war meine Sache. Er dachte nicht daran, mir sein überlegenes technisches Können zur Verfügung zu stellen. Was hatte er davon? Ich schob die Vicky in den nächsten Ort und fand eine Werkstatt. Er wartete.

Dieses magische Empfinden von Geborgenheit bewährte sich auch auf unserer nächsten, letzten Mopedreise. Das Ziel war Genua: ein anderes Meer. Wieder hatten wir uns mit Margarinewürfeln, einem Marmeladenglas und Brot ausgerüstet, die Aluminiumflasche mit Benzin für den kleinen Kocher gefüllt. Mein Beutel war für die vierzehn Tage mit etwa siebzig Mark gefüllt. Als wir am Eisackufer oberhalb von Bozen lagerten, kam ein Mann auf einer Vespa. Er bremste, hielt, tat geheimnisvoll, zog uns in den Schatten der Felsblöcke und sprach von geschmuggelten, goldenen Schweizer Uhren, die er ganz billig abgeben könne – das Stück für zweihundert Mark. Er zeigte sie uns, in weißes Seidenpapier eingewickelt. Wir winkten lächelnd ab; keiner von uns hatte zweihundert Mark. Aber der Schmuggler schien wirklich in großer Not. Vielleicht war ihm schon die Polizei auf den Fersen? Und er wollte, weil wir so symphatische, junge Menschen waren, auch mit dem Preis ganz weit heruntergehen. Auf hundert Mark – letztes Angebot.

Am Ende konnten wir nicht mehr widerstehen und gaben achtzig Mark für zwei goldene Uhren. Wir beschwichtigten unser aufkommendes, schlechtes Gewissen ob dieser Verschwendung damit, daß wir den Schmuggler gnadenlos heruntergehandelt hatten. Schließlich hatte er es nicht besser verdient! Er mußte wissen, was er tat. Vielleicht waren die Uhren sogar gestohlen? Einen Hehler schädigen war fast eine gute Tat. Daß unsere Reisekasse geschrumpft war, machte uns keine Sorgen. Für Benzin und gelegentlich etwas Obst reichte es allemal. Das Zweitaktöl hatten wir dabei, was brauchten wir sonst?

So fuhren wir, jeder mit vielleicht dreißig Mark in der Tasche, weiter nach Genua. Die Uhren, bei jedem Verweilen liebevoll herausgezogen, ausgewickelt und betrachtet, verloren schnell an Glanz. Ich entdeckte, daß sie nicht mit 21 Juwelen, sondern mit 21 «Medals» ausgerüstet waren, was auch immer das sein mochte. In wenigen Tagen kam unter dem blinkenden Gold stumpfes Messing zum Vorschein, die Armbänder aus glänzendem Draht rosteten, die Werke liefen fünf Tage und standen still. Der Schmuggler hatte uns hereingelegt. Er war kein echter Schmuggler, sondern ein falscher, ein gerissener Händler mit Ramsch-Uhren. Wir waren blöd gewesen, auf seine Geschichte hereinzufallen. Darüber redeten wir nicht mehr. Die Uhren verschwanden tief in den Packtaschen.

Wir kamen bei Moneglia ans Tyrrhenische Meer, in eine kiesbedeckte Bucht, von Fischerbooten gesprenkelt, wo Welle auf Welle mit knirschenden Zähnen ihre Niederlage im Kampf gegen das Land hinnahm. Hier gefiel es uns besser als an der Adria. Wir konnten schwimmen und lagerten in einem Olivenhain. Am Morgen brachen wir hastig die Zelte ab. Der im Dunkeln gewählte Platz war ein öffentlicher Park und lag neben dem Fußweg zum Strand. Nach einem Fahrttag über Nervi und Rapallo, wo wir immer wieder badeten (dank der Tauchmasken entgingen wir auch den schwarzen Seeigeln), kam das bittere Ende in Genua. Mein Bruder kam auf einem Straßenbahngleis ins Schleudern und stürzte so unglücklich, daß sein Hinterrad unbrauchbar war. Er selbst war nicht verletzt, aber wir konnten nicht weiter. Er baute das Ding aus und schaute wehmütig auf die verbogene Felge. Als wir ratlos am Straßenrand standen, kam ein Halbwüchsiger auf einem Rennrad vorbei und hielt an. Er wisse eine Werkstatt, wo das repariert werden könne, verstanden wir endlich. Er wollte das Rad mitnehmen und nachher wiederbringen. Ernst gab ihm, ohne viel zu überlegen, das Rad und die 7000 Lire, die er noch hatte. Dann setzten wir uns auf den Gehsteig. Ich holte mein Steckschach heraus, und wir spielten eine Partie. Die Sonne neigte sich. Allmählich kamen mir Zweifel, ob unser Helfer wiederkommen würde. Warum hatten wir nicht daran gedacht, uns irgendwie seiner Rückkehr zu versichern? Er konnte das Rad in den nächsten Graben werfen und mit den 7000 Lire abziehen. Angst mischte sich in die Zuversicht. Jetzt bereuten wir, soviel Geld für die Uhren ausgegeben zu haben. Wir hatten nicht genug, um auch nur einen von uns mit dem Zug nach Hause zu schaffen.

Wir hätten wohl auch noch die Nacht und den nächsten Morgen gewartet. Aber es war nicht notwendig. Der Junge kam und brachte das reparierte Rad. Ernst hatte ihm den Rest als Trinkgeld geben wollen. Aber leider hatte – so behauptete der Junge – das Ganze mehr gekostet. Er wollte noch 1000 Lire. Aber Ernst hatte kein Geld mehr und war bereits damit beschäftigt, das Rad wieder einzubauen, bis der Junge achselzuckend seinen Renner bestieg und fortfuhr.

In den Alpen war es Zeit für die nächste Angstpartie. Wir fuhren über den Lago Maggiore und den San Bernardino-Paß. Unterwegs bemerkte ich, daß an meinem Hinterreifen der Gummi eine Beule bekam, die sich immer weiter vorwölbte. Anscheinend war das Gewebe beschädigt – Reifenwechsel. Aber konnte ich das bezahlen? So fuhr ich weiter, blickte immer besorgt nach hinten, hoffte bei jedem Halt auf ein Wunder: Könnte die Pestbeule nicht einfach verschwunden sein und alles so, wie es sein müßte? Mein Bruder ließ mich zappeln. Ich fragte ihn, ob denn er glaube, daß der Reifen halte? Kann schon sein, erwiderte er. Oder auch nicht. *Er* jedenfalls würde mir beim Flicken nicht helfen.

In Chur fragte ich einen freundlichen Mechaniker um Rat. «Stück vom alteri Pneu unterlege», riet dieser und half mir für ein paar Franken dabei. Das war zwar sicherer, aber das Hinterrad hoppelte in einem penetranten Rhythmus, ich war die Angst nicht los. Nun hatte ich bestimmt kein Geld mehr für einen neuen Reifen. In den Alpen regnete es. Unsere Kleppermäntel gaben nur am Oberkörper Schutz. Wir froren an Händen und den tropfnassen Füßen. So schlugen wir in einem Tal die Zelte auf, verkrochen uns frierend in die Schlafsäcke. Am nächsten Morgen goß es weiter. Das Baumwollgewebe der Zelte hielt nicht mehr dicht. Wir warteten. Der Regen hörte nicht auf. «Ich will heim», sagte ich kläglich. «Mir reicht's. Ich fahre, bis ich zu Hause bin.» Zähneklappernd ging es hinunter zum Bodensee. Im Allgäu brach die Nacht herein. Bei Landsberg hatte der Bruder eine Reifenpanne. Ich ließ ihn alleine flicken. Der Regen hatte aufgehört. Abgesehen von einer Landung im Straßengraben bei einer heimtückischen Kurve kam ich glücklich nach Feldafing. Die Mutter schlief schon, stand aber auf und wartete zusammen mit mir auf den Bruder, während ich einige Käsebrote und einen Liter Milch vertilgte.

Das war die letzte Fernreise mit Vicky und meinem Bruder. Im nächsten Sommer fuhr ich mit meinem Freund Georg in dessen Firmen-VW Standard nach St. Gallen. Es regnete, und ich bediente den Schalter für die Scheibenwischer, die sich noch nicht automatisch zurückstellten. Ich übte, von Georg angeleitet, bis ich den Kniff erkannt hatte, sie vor dem unteren Totpunkt auszuschalten, so daß sie im Weiterlaufen genau dort lagen, wo sie hingehörten. Die Straße war naß, meine Füße warm und trocken, ich wurde nicht müde, davon zu sprechen, und Georg hörte gutmütig zu.

Der Umzug

Was wäre gewesen, wenn? Solche Überlegungen hängen an einem Gummiband, das sie früher oder später zurückschnellen läßt zum Ausgangspunkt. Im Geschichtsunterricht sollten wir überlegen, was gewesen wäre, wenn in der Schlacht bei Salamis die Griechen nicht den Perserkönig geschlagen hätten – wenn sich Attila nicht zurückgezogen hätte – die Hunnen auf dem Lechfeld gesiegt hätten. Heute fällt mir auf, daß diese Visionen immer in dieselbe Richtung gingen. Damals war ich nur enttäuscht. Da hatte ich überlegt, mir ausgemalt, gegrübelt, was nicht und was statt dessen gewesen wäre – würden wir jetzt persisch sprechen? Und plötzlich, schnapp – es war ja gar nicht so gewesen. Die Türken hatten eine Niederlage erlitten, Prinz Eugen, der edle Ritter.

Was wäre gewesen, wenn sich nicht 1956, angeregt durch das Zusammentreffen mit einer Freundin aus dem Arbeitsdienst, meine Mutter entschlossen hätte, ein Grundstück in Feldafing am Starnberger See zu kaufen und ein Haus darauf zu bauen? Schulden machen? So hatte sie ängstlich den Mann ihrer Freundin, damals ein hoher Beamter im Landkreis (und früher ein hoher Funktionär in einer nationalsozialistischen Organisation) gefragt. Natürlich, nur zu, sagte dieser, jetzt ist besser als jemals später, und behielt recht. Meine Mutter kaufte eine Parzelle, die einem Münchner Musiker gehörte, der sich einmal einen Alterssitz darauf bauen wollte und sich jetzt zu alt fühlte, es zu tun. «Er hat mich sogar zum Essen eingeladen», erzählte meine Mutter. «Aber was soll ich mit so einem alten Knacker? Den müßte ich nachher nur pflegen.» Wir hatten es nicht anders erwartet, hörten desinteressiert und leicht angewidert zu.

Wir würden den Blick auf die Stadt verlieren und die zärtliche Ilz, zum Baden im Sommer so geeignet wie zum Schlittschuhfahren im Winter. In der Schule gab es Freunde. Sie waren verloren wie die Gruppe von Neudeutschland und die Mädchen in der Nachbarschaft, denen ich tagsüber unbefangen begegnen konnte, weil sie nichts von meinen Phantasien wußten. Wir erlebten den Hausbau und das Näherrücken des Umzugs wie das Wetter oder den Stundenplan im Gymnasium. Heute fesselt mich diese Gleichgültigkeit gegen soviel Verlust von Heimat. Waren wir wie die Indianer, die Land für Glasperlen und Biberpelze für Schnaps tauschten? Der Verlust hatte keine Gefühlsbedeutung.

Obwohl ich die Entwurzelung, die Trennung von den Klassenkameraden, von der Landschaft meiner Kindheit und Pubertät zu tragen hatte, war ich erregt, spürte keine Trauer. Alle Verantwortung trug die Mutter. Sie hielt es für vernünftig, das Haus zu bauen. Von Feldafing aus konnten wir zum Studium nach München fahren. Das war praktisch. Sie wollte nicht für immer bei den Großeltern wohnen. Die Arbeitsdienstfreundin war nett. Ihre Gründe waren auch die meinen. Ich freute mich auf die Veränderung, das eigene Zimmer, den Starnberger See. An die vielen Abschiede dachte ich nicht.

So habe ich meine Kindheit doppelt verloren: durch die Umgestaltungen in mir, die ich als großen Gewinn, als eigentlichen Beginn meines Lebens verstehen wollte, und durch die unbekümmerte Preisgabe des Dachbodens, der drei Flüsse und vier Brücken, des Riesingerhofs, des Gymnasiums. Viel Spielzeug blieb zurück, nach dem ich mich später sehnte, weil es mir handgreifliche Erinnerung, Rückhalt an die Kindheit gegeben hätte: der hölzerne Zoo und das Mammut, die Anker-Steinbaukästen, der Kanarienvogelkäfig (er war schon lange leer und hing auf dem Boden), die Bücherschränke des Opa, die Kleiderkammern der Oma, wo man alte Hüte, aus Elfenbein geschnitzten Schmuck oder Ledertaschen mit blinkenden Messingbügeln finden konnte, welche die Oma gutmütig jedem gierigen Frager zu vererben versprach. In den Gängen und Winkeln hing, wie Spinnweben oder ein nicht austilgbarer Geruch, der Nachklang trappelnder Schritte, des immer wieder pochenden Balls. Selbst die Verfärbungen in der alten Kloschüssel mit ihrem dicken Sitz aus einem richtigen Holzbrett sprachen von Geheimnissen, die in der blitzsauberen Toilette in Feldafing verschwunden waren.

Abzureisen und anzukommen erscheint mir noch heute oft wie ein Wunder. Gestern fuhr ich von Volterra aus in die Dämmerung hinein nach Vicchio zurück, vorbei an den vielen Lichtern von Florenz, welche die ganze, einst fruchtbare Ebene am Arno ausfüllten. Nach Schnellstraße und Autobahn waren die Wege im Mugello eng und verwinkelt, das letzte Stück führte holprig über Steine und Staub in den Wald. Wir tappten durch die Nacht zum Haus, zündeten eine Kerze an: es war alles da. Ähnlich ist es mit Verabredungen. Ich steige in ein Flugzeug, in einen Zug, ein Taxi und bin zu einer Monate vorher vereinbarten Zeit irgendwo, treffe mich mit jemandem, der ebenfalls genau um diese Zeit dort ankommt.

Es war ein großer Möbelwagen. Zwei Männer halfen uns, die Sachen einzuladen. In Deindorf holten wir noch eine Bettstatt und eine Matratze ab. Ich war so erfüllt von Spannung über das neue Haus und Feldafing, daß ich den Opa kaum beachtete, der mit den beiden Zugkühen die Sachen gebracht hatte. Die Landschaft rollte vorüber, zu schnell, um ihr etwas abzugewinnen. Es verdroß mich, daß der Fahrer des Möbelwagens die kleinen Autos, die uns überholen wollten, vorbeiwinkte. Wir fuhren schließlich schnell genug!

Das Haus in Feldafing ist mit mir älter geworden. Wie es Kinder tun, die im Wachsen ihr Bild von früher in den Eltern auslöschen (die es dann erstaunt in Fotografien wiedersuchen), so habe ich Mühe, in meiner Erinnerung wiederzufinden, was damals neu und makellos war. 1957 war keine Zeit, in der in Deutschland eine Beamtenwitwe ein schönes Haus für wenig Geld bekam. Der Bauunternehmer war der Architekt, wie in einer Diktatur, wo der Richter auch Henker ist. Der Bauunternehmer war an einem Betonsteinwerk beteiligt, das war dann auch für uns gerade richtig, im Winter kalt, im Sommer heiß, immer etwas muffig. Zunächst schienen uns Mauerwerk und die frisch mit Leinölfirnis behandelten Fensterläden makellos. Die Mutter regte sich gleich nach der Ankunft darüber auf, daß es noch kein Wasser im Haus gab. Der Mann vom Wasserwerk hatte den Hydranten so vorbereitet, daß wir von der nächsten Straßenecke Wasser holen konnten. Das war interessanter als ein Wasserhahn. Man mußte an einem T-förmigen Eisen drehen, das unten auf einen verborgenen Hahn paßte. Schon sprudelte ein dicker Strahl. Ich bedauerte es fast, als nach einigen Tagen das Wasser lief, wenn wir auf die Spülung drückten – neu wie so vieles: die «Zentralheizung» mit Luftschächten und einem Ofen im Keller, die Einbauschränke aus nagelneuen Spanplatten, die weißen Fliesen an den Wänden im Bad, der Fußboden aus duftenden Fichtenbrettern.

Das Haus stand in einer Wüste aus getrocknetem, noch von den Spuren der Planierraupe gezeichnetem Lehm. Die Mutter wollte ihren Garten selbst anlegen. Nur den Zaun macht der Feldafinger Schlosser im Lauf der nächsten Wochen aus Maschendraht und roten Rohren. Nach einer unruhigen Nacht ging ich zum See hinunter. Das Wasser war blau, weiße Wolken zogen am Himmel, hinter Ried und Schilf sah man das Gebirge. «Das ist eine Gegend, wo andere als Touristen hinfahren müssen», dachte ich. Ich fühlte mich privilegiert.

Mit Pickel, Schaufel und Schubkarre ging meine Mutter daran, die Spuren der Planierraupe zu tilgen. Wir halfen widerwillig, zum Teil gegen Bezahlung. Ein Kiesweg zwischen Haustreppe und Gartentor wurde angelegt. Große, wie mit Gehirnwindungen gezeichneten Steine säumten ihn, die wir (diesmal williger) vom See heraufschafften, wo wir sie im flachen Wasser fanden. Heute gibt es diese Steine nicht mehr. Vielleicht haben wir alle erwischt. Oder hatten sie auch noch andere Liebhaber? Wir lebten am Ortsrand, ohne Seeblick, der schon damals die Hanggrundstücke verteuerte. Die Gemeinde hatte ein Siedlungsgebiet geplant, mit schlichten Häusern: spitze Dächer, kein Lederhosenstil. Nach einigen Jahren änderte sich die Baupolitik. Um uns herum wuchsen Reihenhäuser mit Luxusausstattung, am Uferhang Bungalows mit Pferdeställen und Gartenkaminen.

Unsere Hausnummer Im Harl 16 besagte, daß es an diesem Feldweg noch 15 andere Baugrundstücke gab. Sie waren noch Wiesen, Weiden der drei letzten Bauern aus Feldafing. Einer von ihnen war unser Nachbar, der Gutscher. Er kam aus dem Bayerischen Wald und erinnerte mich an den Deindorfer Opa. Alle Leute pflegte er unterschiedlos zu duzen, was vielen wohl deshalb nicht auffiel, weil sie seine Mundart nicht verstanden. Seine Frau, die Gutscherin, freundete sich mit meiner Mutter an.

Wenn ich versuche, mich an diese Veränderungen zu erinnern, stoße ich immer wieder auf schwarze Löcher. Es verwundert mich, was mich alles nicht interessierte, nicht beschäftigte. Die Gutscherin und ihr Mann etwa. Mit ihnen hätte ich die Deindorfer Welt wiederfinden können. Aber ich wandte mich gelangweilt ab und fand, daß sie nicht hierher paßten. Ihre Tochter, schwarzhaarig und unerreichbar, fesselte mich. Sie hieß Rosmarie, was ihr etwas Verruchtes gab, war doch Rosemarie Nitribitt in aller Munde. Der Garten! Ich mäkelte nur über den Zwang, im Juni jeden Tag Kopfsalat zu essen, weil er sonst schoß. Sollte die Mutter doch etwas anderes kaufen, ich mochte keinen grünen Salat mehr essen.

Im Erdgeschoß Küche, Bad, Wohnzimmer, das Schlafzimmer der Mutter. Im Dachgeschoß, unter der steilen Schräge des Satteldachs, unsere Zimmer, meines etwas kleiner (worüber ich mich sofort beklagte: Es mußte sein, sagte die Mutter, weil die Trennwand auf der Trennwand im Untergeschoß zwischen Wohnzimmer und Schlafzimmer stand). Dazu ein Waschraum und ein Gästezimmer. Das Schönste war die Treppe mit ihrem kräftigen Geländer aus Föhrenholz und den Tritten aus dunkler Buche. Ich räumte meine Besitztümer in den Einbauschrank in meinem Zimmer, ordnete Steine und Muscheln im mittleren Fach des alten Schreibtisches, meine Bücher zwischen zwei Stützen oben drauf.

Dieses Zimmer ist ein Schlüssel zu meinem Zustand: Ich teilte es nicht mehr, wie in Passau, mit dem Bruder und benutzte nur das, was meine Mutter und er einrichteten, sondern ich ordnete meine Dinge selbst. Aber ich dachte nicht daran, etwas zu verändern. Das Bett stand da, wo die Mutter den Platz vorgesehen hatte, der Schreibtisch stand am Fenster, wo er stehen mußte, der Schrank war eingebaut. Eine Großtante schenkte mir einen Druck von Michelangelos Fresco in der Sixtinischen Kapelle, das die Belebung Adams durch Gottvater darstellt: in seine Kraft wie in eine Wolke gehüllt Jahwe, in dessen Schatten sich Engel drängen. Adam hält ihm, an seine Erdenschwere gebunden, mühsam die auf das Knie gestützte Hand entgegen.

In meiner Kindheit hatte ich mehr am öffentlichen Raum teilgenommen als mich in meinen eigenen zurückgezogen. Jetzt entwickelte ich mich zu einem spröden und unentschiedenen Wesen, das die Anpassung an die vorgegebenen Formen wie einen Wall um sich herum aufrichtete. Obschon ich ihre Bedeutung herunterspielte, waren äußere Markierungen sehr wichtig. Das Abitur gab mir so viel Halt, daß ich anfing, auch mein Zimmer zu verändern. Ich setzte durch, daß ich das fast immer leerstehende Gästezimmer als Schlafzimmer bekam und richtete mein Zimmer als Wohn- und Arbeitsraum ein. Der Einbauschrank fand in mühsamer Arbeit einen neuen Platz, der alte Schreibtisch mußte weichen. Ich gewann dadurch eine Nische für die Couch am Fenster, kaufte mir (als erstes eigenes Möbelstück) einen sehr modernen, runden Tisch. Der Teleskopfuß war verstellbar, von Couch- bis Schreibtischhöhe. Auf der weißen Resopalplatte entwarf ich Gedichte mit einem weichen Bleistift und löschte sie mit dem nassen Daumen wieder aus. Ich baute mit gehobelten Brettern und von einer Baustelle gestohlenen Kalkzementsteinen niedere Bücherregale, die an der Wand entlangliefen. Darauf stellte ich mit Ofenlack geschwärzte Stahlplatten, an denen ich mit Magneten vergrößerte Fotografien befestigte.

In den Katakomben

Soweit die Füße tragen.» Die Vorstellung, von Sibirien nach Deutschland zu kommen, indem man menschlichen Siedlungen soweit wie möglich ausweicht, zog mich an. Bis heute kaufe ich mir in einer fremden Stadt lieber einen Plan mit Straßenverzeichnis, als nach dem Weg zu fragen. Das Anschleichen habe ich bei Karl May gelernt, das Feuermachen aus dem Pfadfinderbuch. Das Radfahren lernte ich durch verbissene Übung auf einem leicht abschüssigen Feldweg, allein; das Mopedfahren aus der Betriebsanleitung. Als Medizinjournalist war ich Autodidakt, als Dichter sowieso. Wenn ich das Autofahren oder die Psychoanalyse nicht autodidaktisch erlernte, liegt das kaum daran, daß ich es nicht wollte.

Mein Bruder lernte autodidaktisch, Rundfunkempfänger zu bauen oder Fernsehgeräte zu reparieren. Meine Mutter brachte sich selbst das Kochen und später das Gärtnern bei. Als sie mit 18 Jahren nicht Lehrerin werden, sondern studieren wollte und dazu das Abitur brauchte, lernte sie in einem Jahr soviel Latein und Griechisch wie andere in acht Schuljahren und trat in die Prima des humanistischen Gymnasiums Passau ein. Das ersehnte Philologie-Studium konnte sie dennoch nicht beginnen. Ihr Vater verlangte, sie solle möglichst bald heiraten. Dazu reiche der Volksschullehrer-Beruf völlig.

Meine Mutter hatte ein gespaltenes Verhältnis zu den

Menschen und ihren Sitten. Gelegentlich sagte sie, sie wäre, hätte sie wählen dürfen, lieber ein Tier geworden, mit einem richtigen, festgewachsenen Fell statt Kleidern, Stoffetzen, die aus der Mode kamen, zerrissen, im Sommer zu heiß und im Winter zu kalt waren. Auch seien die meisten Menschen dumm und geschwätzig. Ein Buch oder ein Baum seien viel interessanter und würdevoller. Als Kind war sie immer von zu Hause weggelaufen und hatte allein im Wald gespielt – in dem großen, verwilderten Park, der die Villa des Kommerzienrates Freislederer umgab, in der sie damals wohnte. Sie kletterte auf Bäume, schlüpfte unter immergrüne Büsche, tauchte in den Kelch verwilderter Lilien und Rosen. Mit bunten Glasscherben, Steinen, Tierknochen und kleinen Bildern baute sie heimlich Altäre in versteckte Nischen, die sie sorgfältig mit einem Stein verschloß, so daß niemand sie finden konnte.

Von dieser kindlichen Tiersehnsucht und Geheimnistuerei meiner Mutter habe ich erst erfahren, als ich ihren Nachlaß ordnete und unter ihren Papieren eine Erzählung «Der Park» fand. So hatte die Erfahrung, im Schreiben offener sein zu können als im Sprechen, ein Vorbild, und wenn ich die Sprachlosigkeit der Katzen und Eichhörnchen (die Vorbilder meiner als Kind leidenschaftlich baumkletternden Mutter) recht verstehe, war der wichtigste Vorteil des Tieres, daß es sich nicht schämen mußte, ganz biblisch-paradiesisch gedacht. Wer stets ein praktisches Fell trägt, hat nicht mit der Scham von Entblößung und Bedeckung zu ringen. Sie oder er entgehen dem Sündenfluch, welchen die christlich-frömmelnde Rhetorik vom Tempel Gottes und der Wohnung Christi auf den Leib schreiben, die Kartographie von keusch und unkeusch kümmert nicht, was stolz den Schwanz hebt und After so gelassen präsentiert wie samtiges Schnäuzchen.

Was sie mir nicht geben konnte, weil sie selbst es nicht

bekommen hatte, wäre etwas wie ein Begriff, ein Sprachmodus über meinen Körper gewesen. Sie aber hatte sich vor der Sündensuche ihrer Klosterfräulein in ein trotziges Schweigen zurückgezogen, ging mit uns um wie ein großes Tier mit kleinen Tieren (was den Körper betraf: stumm und voller eigener Wege). Ich weiß nicht einmal, ob dieses im Gymnasium vielzitierte Programm vom gesunden Geist im gesunden Körper menschenmöglich ist. Beschwörungen hecheln oft dem Verlorenen hinterher. Erfahren habe ich es nicht, und die Kluft zwischen der Fülle erhabener und verbotener Namen, welche ein Heranwachsender für seine körperlichen Empfindungen erlernt, und der leiblichen Wirklichkeit scheint schier unüberbrückbar.

Damals hätte ich es mir sehr gewünscht, Lesestoff zu finden, der meiner Suche ehrliche Beschreibung und nicht moralische oder antimoralische Schwärmerei anbot. Die Erinnerung an Schwulst und Plattheit erotischer Autobiographien macht mir angst. Werde ich selbst ihnen entkommen? Aber es geht nicht anders. Ich kann die Veränderungen in dieser Zeit nicht darstellen, wenn ich die Sexualität übergehe.

Der Erwachsene pflegt anzunehmen, daß Ruhe der Ausgangspunkt einer Bewegung ist. Wer kleine Kinder beobachtet, entdeckt bald, daß diese Vorstellung nicht zutrifft. Tatsächlich ist die Bewegung Folge einer künstlich hergestellten Ruhe um sie herum, Ergebnis einer auswählenden, immer mehr verfeinerten Hemmung, die endlich aus dem diffusen Aktivitätssturm eine klare Gestalt herausholt. Meine Sexualität entwickelte sich nicht aus einem kindlichen Ruhezustand, dem sie fremd war, zu den Phantasieketten des Erwachsenen, die wie die Waggons einer vollbeladenen Eisenbahn von der Lokomotive des Orgasmus geschleppt werden. Meine Erotik entstand durch ein Schwinden des ursprünglichen, verwirrenden Überflusses, der nicht unterschied zwischen Mann und Frau, Kind und Greis, Tier und Mensch, Dreck und Sauberkeit. Ein erster, grober Zuschlag, so einschneidend, daß ich mich an ihn nicht mehr erinnere (wurde doch mein Erinnern, mein Mich-mir-selbst-Gegenüberstellen erst durch ihn geschaffen), war die Erziehung zur Reinlichkeit. So nenne ich sie heute, mit der Sprache und Welt der Erwachsenen vertraut. Damals aber war es der Einbruch feindlicher Mächte, die nie wieder ganz zurückgewiesen und besiegt werden konnten. Mutmaßlich sind es ihre Erben, die mich so mit Peinlichkeit und Scham kämpfen lassen, wenn ich zurückwandere zu Nachttopf und Kloschüssel, zu nassen Hosen, duftenden Haufen, die – sobald die Mutter dazu kam – anfingen zu stinken und mir keine rechte Freude mehr machten.

Seit ich über mich nachdenke, sind die körperlichen Genüsse in diesem Kampfgebiet der Reinlichkeitsgenien mit den Schmutzteufeln verdächtig, peinlich; es bedarf bewußter Anstrengung oder einer mächtigen Anspannung der Sinnlichkeit (wie im Umfeld des vom bewußten Ich nicht mehr Erfaßbaren, das es nachher und vorher «Orgasmus» oder «Höhepunkt» nennt), um ihnen diesen Beigeschmack zu nehmen. In meiner Kindheit war dem nicht so. Da kam es nur darauf an, sie zu verbergen, sie dem Auge des Erwachsenen zu entziehen. Dann waren die Gerüche köstlich und verrucht, es war schön zu spritzen und zu drücken, zu beobachten, was herauskam: Ich hätte mir ein verspiegeltes Klosett gewünscht. Einmal wollte ich auch die Mutter an dieser Freude teilnehmen lassen, als ich eigentlich schon zu alt war und es besser hätte wissen müssen (wie ich mir nachher beschämt eingestand). Das war, als ich einen wunderbaren, besonders großen Haufen aus schönen Schlingen zu meiner großen Erleichterung und Befriedigung produziert hatte. Er schien mir viel zu schade, ihn einfach wegzuspülen, ihn verschwinden zu lassen ins Namenlose. Andererseits wußte ich auch, daß die Mutter böse war, wenn man nicht spülte, was ich gelegentlich ohne jede Absicht vergaß. So zog ich vorsichtig in kurzen Abständen an dem Porzellangriff, der vom Spülkasten herabhing. So konnte ich, wenngleich von den Fluten etwas beschädigt und zu meinem Kummer aus der prächtigen Lage im Mittelpunkt der Schüssel verschoben, mein Werk doch retten. Dann lief ich zur Mutter und sagte: «Ich kann meinen Haufen nicht runterspülen. Es geht einfach nicht mit der Klospülung!» So hoffte ich, sie in meine geheime Galerie zu locken und eine Anbeterin meiner Werke zu gewinnen. Ich wurde enttäuscht. – Es konnte nicht anders sein. Die Erwachsenen verstanden nichts davon. Die Mutter schimpfte, weil sie aufstehen mußte, würdigte mein Produkt keines Blickes, zog hastig am Griff der wieder vollgelaufenen Spülung und wartete kaum ab, wie mein schöner Haufen gurgelnd auf Nimmerwiedersehen verschwand. Ich schlich enttäuscht und beschämt hinter ihr her.

Heute verbinde ich mein Zögern, die Mutter meine Gedichte lesen zu lassen, mit dieser Szene. Was ich sonst schrieb, die journalistischen Texte, habe ich ihr immer ohne Scheu gezeigt. Auch das Gedicht ist unrein, noch nicht von der werkzeughaften Zweckmäßigkeit kontrolliert, welche die journalistische Arbeit bestimmt (obwohl es damals ein Buch gab, «Mein Gedicht ist mein Messer»: Ich kenne bessere Messer). Zu den vielfältigen körperlichen Erlebnissen, den Schlammbädern und Wettbewerben mit dem Bruder, wer von einem höheren Buchenast herunterscheißen konnte, kam schließlich ein neues.

Dabei hätte ich einen Lehrer haben können, den Neffen von Klaus Mitzke, der nach meinen Maßstäben «verdorben» war. Wenn die Erwachsenen weg waren, fing er an, sein Schwänzchen aus der Hose zu fummeln und griff nach dem meinigen. In der Wohnung ging das nicht an, da konnte die Mutter jederzeit zurückkommen (was den kleinen Mitzke nicht weiter zu schrecken schien). Aber in dem alten Häusel des Riesinger-Bauern, hinter dem Stadel, wohlversteckt, gingen wir der Sache auf den Grund. Aber schließlich wurde es mir zuviel. Ich hatte mit meinem Bruder klare Grenzen abgesteckt, wie weit man gehen durfte mit Anfassen und «melken» (was ich als angenehmes, jedoch zielloses Gefühl erinnere). Weiter wollte ich mich auch nicht mit dem kleinen Mitzke einlassen. Es war nicht richtig, daß dieser Wicht, vielleicht zwei Jahre jünger als ich, mir neue Grenzen zeigen sollte, wo doch mein Bruder und sein Onkel Klaus Mitzke nicht weiter gingen als ich selbst, das meinte ich genau zu wissen.

Wir gingen jede Woche einmal quer durch die Stadt zu einem Haus am Inn, in dessen Keller die öffentlichen Bäder lagen. In unserer Wohnung gab es zwar eine Badewanne und einen mächtigen, kupfernen Badeofen. Sie wurden aber nur sehr selten benützt, weil man den Ofen mit Holz heizen mußte. Solange wir kleiner waren, hatte meine Mutter uns beide im Wohnzimmer gebadet, was heißt: in eine gelblich emaillierte Schüssel mit warmem Wasser gestellt und mit einem Waschlappen abgerieben (von Seife hielt sie nichts: die schade der Haut). An die Zeit, als das noch unbefangen geschah, kann ich mich nicht erinnern, sondern nur daran, wie ich einmal, als die Frau Mitzke zu Besuch kam, während wir badeten, mich schamhaft unter den Tisch verkroch und erst bereit war, wieder hervorzukommen, als die geschwätzige Frau gegangen war: Was hatte die mich nackt zu sehen! Hinter dieser Erinnerung, schattenhaft und schwer zu fassen, sind andere Bilder von großer Lust, nackt herumzuspringen und das um so mehr, wenn fremde Besucher kamen. Dabei ahne ich die ärgerliche Miene der Mutter.

In den Katakomben des Gesundheitsamts war es dunkel und schwül. Ich wartete eine Weile. Dann brachte mich eine

Frau in weißem Kittel in eine Kabine, wo die Wanne im Neonlicht glänzte. Gelegentlich bekamen wir eine Doppelkabine. Dort badeten mein Bruder und ich, durch einen Vorhang getrennt, spritzten mit den Brausen nacheinander, wickelten uns wie Mumien in den Vorhang und vergaßen fast, uns den Kopf zu waschen, wie es Vorschrift war. Zu Beginn der Badezeit stellte die Wärterin einen großen weißen Wecker an der Wand auf eine halbe Stunde ein. Beim Klingeln sollte man das Bad verlassen.

Bald fing ich an, die Begleitung des Bruders zu verschmähen. Ich wählte für meinen wöchentlichen Badegang einen Tag, an dem er keine Zeit hatte. Denn ich hatte etwas entdeckt, das ich allein genießen und über das ich mit niemand sprechen wollte. Weil mich das Rauschen des Wassers beim Füllen der Wanne störte, ließ ich es gewissermaßen als Bodenquelle durch die Brause einströmen. Und weil ich es eilig hatte, in die Wanne zu kommen, lag ich meist schon drinnen und massierte die unter Wasser liegenden Körperteile mit dem Strahlenbündel. Dabei entdeckte ich, daß auf diese Weise höchst angenehme Empfindungen in der Spitze meines Bipfi entstanden.

Jetzt war mein Forschergeist geweckt. Um die Empfindungen heftiger zu machen, steigerte ich den Druck in der Brause, daß sie wie eine gefährliche Schlange durch die Wanne zuckte und fürchterlich zischte, wenn sie zufällig die Oberfläche erreichte. Die angenehmen Empfindungen nahmen zu. Sie konzentrierten sich, steigerten sich zu einem Punkt, von dem aus es kein Zurück mehr gab, zu einer unentbehrlichen, unerträglichen, alle Aufmerksamkeit verschlingenden Spannung, die sich schließlich in Wellen löste, aber schon in ihrem beseligenden Abebben den Keim zu einer Erneuerung und Wiederholung trug. Ich war tief beeindruckt, ich wußte nicht, was dieses Köstliche war, scheute mich aber, eben weil es von einem Ort ausging, auf den man die Erwachsenen besser nicht aufmerksam machte, mit irgend jemand darüber zu sprechen.

Schrittweise verbesserte ich meine Technik. Das kostete Zeit, die ich gewann, indem ich den Wecker an der Wand wieder zurückstellte, wenn er schon fast abgelaufen war. Ich schraubte den Kopf der Brause ab und konnte nun den magischen Strahl viel besser lenken, um die Stelle der größten Empfindung herauszufinden. Ich merkte auch, daß etwas aus dem Bipfi herauskam, daß es größer und fester wurde, daß die angenehmen Empfindungen vielleicht drei- oder viermal, aber nicht öfter wiederholt werden konnten, und daß es eigentlich beim ersten Mal immer am schönsten war. So schön, daß grandiose Vorstellungen vor meinem inneren Auge auftauchten. Ich hatte ein Geheimnis entdeckt, von dem sonst niemand wußte (schließlich hatte mir auch nie jemand etwas davon gesagt, hatte ich nie davon gelesen). Es gab doch viele kranke, traurige Menschen auf der Welt. Denen konnte ich sicher mit meiner Entdeckung helfen, sie heilen und wieder froh machen. Ich würde ein großer Erfinder sein, ein Wunderheiler, ich sah mich in den Krankenhäusern Bade-Katakomben einrichten und im weißen Mantel die Bedrückten anleiten, was sie tun konnten, um sich wieder froh zu fühlen. Mein Ruf würde sich wie ein Lauffeuer verbreiten. Da ich keinen Menschen kannte, mit dem ich darüber hätte sprechen wollen, sprach ich zur ganzen Welt.

Übungen, geistlich und weltlich

Die Exerzitien fanden in einem großen Haus mit Mansardendach am Ufer von Maria Hilf statt, hoch über dem Inn. Das Haus lag neben dem Rundfunksender, auf dessen Antenne wir unsere kleinen Kristalldetektoren richteten. Mit einem Fernrohr aus Pappe und zwei Linsen, Bausteinen des Kosmos-Baukastens «Optikus», suchte ich den gegenüberliegenden Hang ab. Die Exerzitien wurden vom Bund Neudeutschland empfohlen. Es ging um die Reinheit der Jungmänner. Darunter konnte ich mir nichts vorstellen. Aber ich wußte, daß man während der Besinnungszeit nicht reden durfte.

Das Sprachverbot legte einen Schleier auf die rund achtzig Jungen, die wie eine Schafherde von Seminaristen umkreist wurden. Sie kamen aus unserem Gymnasium, wenige Klassen über uns, aber weit überlegen, weil in das Schauspiel eingeweiht. Im Gottesdienst vertrieb ich mir die Zeit, indem ich in meinem «Schott» blätterte, interessante Stellen suchte und ausprobierte, ob ich den lateinischen Text verstand, wenn ich den deutschen neben ihm mit der Hand zudeckte. Wir schliefen in großen Sälen hinter Vorhängen. Kaum sagte man einen Ton, tauchte einer der Wachhunde auf und hielt mit der Miene persönlich gekränkter Frömmigkeit den Zeigefinger auf die Lippen. Nur während der Mahlzeiten durften wir sprechen; die losgelassenen Stimmen übertönten das Klappern der Bestecke.

Meine Beschreibung klingt respektlos. Das trifft nur eine Hälfte oder Seite meiner Gefühle, die ich heute leichter fassen kann. Neben ihr gab es eine andere, die mir dunkel geworden ist. Ich wollte an das Unfaßbare, Göttliche glauben. Im Weg standen mir Worte, zu denen ich keine Gefühle fand. Für meine Gefühle hatte ich keine Worte, für das, was in den Katakomben geschah. «Liebe zu Gott» etwa, was sollte ich damit anfangen? Ich scheute mich vor dem Wort, seit ich denken konnte, weil ich mir darunter etwas so Großes vorstellte, daß mir diesem Erhabenen gegenüber meine Empfindungen nur lächerlich erschienen. In der Welt meiner Vorstellungen fand ich nichts, was mir eine Brücke zu dieser Liebe gebaut hätte. Die Religionslehrer sprachen so von ihr, als müsse es jeder schon wissen, was den Verdacht weckte, ihnen ginge es nicht anders. Sie wußten genausowenig, was Liebe ist. Sie hatten die Macht, Noten zu geben, Urteile zu fällen, nützten sie aus, gerecht oder ungerecht, jeder nach seiner Weise. So war meine religiöse Hoffnung eher, daß Gott mich mit meinen kleinen Sünden und Tugenden in Ruhe ließ und nicht in die Hölle steckte, wo man in großen Kesseln voll siedendem Öl gekocht wurde, eine Ewigkeit lang: So war es in manchen Kirchen gemalt.

Dieses Ziel ließ sich insofern fassen, als – Liebe hin, Glaube her – Mutter Kirche uns mit vielen Regeln versorgte, die es uns erlaubten, den Frieden zu behalten oder ihn – wenn er verloren war – durch Beichte wiederherzustellen.

Die Exerzitien erklärte ich heimlich zur Wiedergutmachung für das, was ich in den Katakomben entdeckt hatte. Ich verließ sie mit dem Vorsatz, es nie wieder zu tun. Er fiel mir nicht schwer. Der nächste Badetag war erst in einer Woche. Ich mußte nicht auf meine Lust, sondern nur auf den Vorsatz verzichten. Denn mir war aus den Reden und Diapositiven des Paters klar geworden, daß mein Vergnügen in den Katakomben nicht ein Heilmittel war, dessen Entdekkung mich einst berühmt machen würde, sondern Masturbation, Onanie, Selbstbefriedigung. Freilich blieben die Beschreibungen vage. Meine Schlüsselszene in der Badewanne kam nicht vor. Statt dessen wurde ausführlich von einer körperlichen Entwicklung gesprochen, in der sich die Samenbläschen von Zeit zu Zeit entladen, was ganz natürlich sei. Erotische Träume seien bei dieser Angelegenheit ausnahmsweise keine Sünde.

Über diese Pollutionen zerbrach ich mir in den Schweigezeiten den Kopf. Ich hatte noch nie eine gehabt. Aber vielleicht mußte man welche kriegen? Ich mußte auf mein Ritual in den Katakomben verzichten und darauf warten, daß dieses seltene Ereignis, das von der Natur anscheinend weit mehr vorgesehen war als meine lustvollen, vorzeitigen Ergüsse, nach sechs Wochen, acht Wochen, drei Monaten eintrat! Festlegen wollte sich der Pater da nicht. So faßte ich den Vorsatz, mich nicht gegen die Natur zu versündigen. In der Pause am Nachmittag wanderte ich querfeldein zum Rundfunksender. Die Vögel sangen, die Wiesen begannen, sich grün zu färben. Ich kam an einer Birke vorbei und stach mit einem kleinen Schraubenzieher (meinem damaligen Lieblingswerkzeug, das ich stets bei mir trug) in die weiße Rinde. Als ich ihn herauszog, quoll eine klare Flüssigkeit wie Blut aus der Wunde. Ich erinnerte mich an die Reklame für Dr. Dralles Birkenwasser. Ob dieses Birkenblut damit zu tun hatte? Vorsichtig kostete ich mit der Zunge. Es schmeckte frisch, nach Harz und Zucker. Unbemerkt hatte sich einer der Wachhunde herangeschlichen und fragte teilnahmsvoll: «Was machst du denn hier so ganz alleine?»

Ich lief weg, den Hang hinunter, in den Wald, achtete nicht auf seine Rufe. Der hatte mir grade noch gefehlt! Sicher hätte er wieder irgend etwas Verbotenes bei meinem

Gang gefunden, einen falschen Weg, unzulässiges Birkenstechen, unerlaubte Entfernung von den anderen. Allmählich wurde ich ruhiger. Er verfolgte mich nicht. Endlich stand ich, von den hohen, drahtverspannten Masten geleitet, vor dem Sender. Alles war eingezäunt, große Verbotstafeln in deutscher und englischer Sprache warnten davor, irgend etwas zu berühren und das Gelände zu betreten. Das Haus stand leer. Ich hatte erwartet, es voll Leben zu finden, voll der Stimmen und der Musik, die ich immer hörte. Aber es war wie ausgestorben. «Nur eine Verstärker-Station», belehrte mich später der Bruder. «Weißt du auch, daß du einfach über die österreichische Grenze gelaufen bist? Der steht auf österreichischem Gebiet.» Ich wußte es nicht und erschrak noch nachträglich über meine Kühnheit. Sie hätten mich erschießen können, festnehmen und einsperren, viele peinliche Fragen stellen, was ich schmuggeln wolle. Mutter und Großmutter wanderten öfter nach Österreich, um Kaffee zu schmuggeln. Ich fand das sehr tapfer von ihnen. Wie gut konnte ich mich in ihre Ängste einfühlen, mit der verbotenen Ware erwischt zu werden! Einmal, erzählte die Oma, sei sie mit der Frau Ringler gerade über die Grenze gekommen, und hätte gesagt: «Jetzt will ich aber endlich mein Pfund Kaffee herausholen, es drückt mich so!» Und gerade als sie es unter der Bluse hervorgezogen habe, seien zwei Grenzer um die Ecke gekommen. Die hätten aber nur gelacht und seien weitergegangen.

Pünktlich zum Nachmittagskaffee war ich wieder im Exerzitien-Haus. Wir saßen an langen Tischen, es gab Hefezopf mit Rosinen und Malzkaffee, den ein Frater aus der Küche kunstgerecht in hohem Bogen einschenkte, ohne einen Tropfen zu verschütten. Wir bewunderten ihn sehr und trieben ihn immer wieder an, das Kunststück zu wiederholen, die Kanne hochzureißen, daß der braune Strahl immer länger wurde, und sie dann blitzschnell wieder zu senken, so daß die Tasse den Strom zu verschlingen schien, die Kanne ihn wieder zurückzusaugen, und am Ende nicht mehr passiert war als beim gewöhnlichen Einschenken. In dem sicheren Gefühl, meinen Frieden mit Gott gemacht zu haben, frisch gebeichtet und kommuniziert kam ich nach Hause (hinter dem genuschelten ichhabeunkeuschmichberührt hatte der Beichtvater gottlob nichts Verdächtiges entdeckt und nicht nachgefragt).

Die guten Vorsätze hielten bis zur nächsten Gelegenheit. Bereits als ich die Katakomben betrat, wußte ich, daß ich ihre Verwirklichung auf später verschieben wollte. Ich hatte einfach noch nicht genug von meiner Lust. Aber das schlechte Gewissen blieb mir, ein nagender Zweifel, der sich nur leise und selten meldete, aber auch lange Zeit nicht verstummen wollte. In dem roteingebundenen Gesundheitslexikon der Mutter stand bei «Masturbation», die Vermutungen hätten sich nicht bestätigt, sie löse Rückenmarksschwindsucht und Gehirnatrophie aus. Dennoch sei sie durch geeignete Diät (Verzicht auf reizende und blähende Speisen, was immer das sein mochte), durch weite Kleidung, kalte Bäder und Sport zu bekämpfen. Außerdem gleiche der Masturbant einem Mann, der sein Kapital für Nichtigkeiten verplempere, statt es aufzusparen für den großen Zweck. Die Sache mit dem Rückenmark faszinierte mich; ob das auslaufen konnte wie ein zerschossenes Auge? Ob am Ende das Rückgrat eine trübe Flüssigkeit ausstoßen und dann in sich zusammensinken würde?

Im Sommer konnten wir in der Ilz baden und mußten nun nicht mehr in die Katakomben – eine Erleichterung unserer Pflichten, die ich nur widerstrebend annahm, gegen die ich jedoch nichts einwandte. Nach einigem Experimentieren gelang es mir, die Katakomben-Empfindungen auch mit meinen eigenen Händen zu bewirken. Allmählich warf ich alle Hemmungen über Bord und ließ mich nur noch von meinen körperlichen Wünschen leiten. Lange habe ich mir heimlich vorgeworfen, daß es diese Willensschwäche war, welche mich dem Beichten, Kommunizieren, der Religion meiner Kinderzeit entfremdete. Denn ich gewöhnte es mir ab, die Sünde der Selbstbefriedigung zu beichten. Weil dadurch die Beichte immer unsinniger wurde und selbst nach ihren eigenen Gesetzen zur Sünde verkam, gewöhnte ich mir auch die Beichte ab. Das kleine, häßliche Bedürfnis hatte gegen die Engelschöre und Weihrauchwolken gewonnen. Aber lange Zeit hätte ich mir eher die Zunge abgebissen als diesen banalen Grund für meine Abwendung von meinem Kinderglauben zuzugeben. Mit siebzehn debattierte ich leidenschaftlich über die Gottesbeweise, das Böse in der Welt und Freuds «Zukunft einer Illusion», so daß unser Religionslehrer in Weilheim endlich den Seufzer ausstieß: «Einbildung ist auch eine Bildung.» Mit neunzehn wollte ich aus der Kirche austreten, was mir aber die Mutter, besorgt um eine mögliche Karriere in Bayern, dringend widerriet. So gab ich nach. Erst als ich mit 26 Jahren gar noch Kirchensteuer zahlen sollte, suchte ich das Weite. Die Zeremonie auf dem Standesamt kostete zehn Mark und dauerte zehn Minuten.

Die Empfindungen in den Katakomben waren rein körperliche Reize, die sich aneinanderreihten und ihren eingefleischten Höhepunkt suchten. Sie waren einzigartig, unvergleichlich, hingen mit nichts in meiner Gegenwart und Vergangenheit zusammen, verhießen eine Zukunft voller Wunder. Wie der Glanz jeder Verliebtheit blätterte auch dieser ab. Dafür kam ein Partner ins Spiel, der den sich selbst immer ähnlichen Ablauf umgestaltete und bereicherte, wie Farben und Muster die Gewänder im Lauf des Kirchenjahrs. Heute nenne ich diesen Partner die erotische Phantasie. Damals hatte er keinen Namen. Er war da und redete mit. Dabei blieben mir entscheidende Tatsachen lange verborgen. Ich wußte nichts über die Mechanik des Geschlechtsverkehrs und ahnte sie doch. Ich schuf mir Szenen, die auf ihn hinführten, obwohl mir nicht klar war, wie ich meine Rolle in den Bildern hätte spielen sollen: Ich wußte nur, was ich an mir mit Wasserstrahl oder Zeige- und Mittelfinger tat und weiter tun mußte.

Meine ersten Phantasien suchten das eigene Geschlecht. Ich wußte, wie nackte Frauen aussahen, es gab ein paar Fotos in den Bildbänden meines Vaters, «Künstlerische» Akte, die nur ungenau zeigten, worauf es mir ankam. Am Badestrand konnte man kleine nackte Mädchen sehen. Sie interessierten mich nicht. Ich fand viel fesselnder, was meinen eigenen Körper widerspiegelte, nicht die großen, haarigen Geheimnisse der Frauen oder der erwachsenen Männer, sondern die glatten, ebenmäßigen meiner Kameraden, die ich mit Blicken suchte, wo ich sie finden konnte. Am besten gefiel mir dabei mein Banknachbar, ein schöner Junge, dessen klarer Sopran an den Tagen der Schulmesse die Studienkirche erfüllte.

Wenn ich versuche, die Veränderungen durch die Entdeckung des Orgasmus aufzuspüren, finde ich keinen Bruch, keine plötzliche Wandlung. Meine Stimme blieb kindlich, bis ich fünfzehn Jahre alt war. Sie verlor die Alt-Tonlage allmählich, in unbemerkten Schritten. Was mir vor allem einfällt, ist die heftigere Art meiner Gefühle – etwas Leidenschaftliches, Wildes, das kaum je hervorbrach, sondern sich in den größeren Bildern und tieferen Stürzen meiner Phantasie ausdrückte. Einmal überfiel ich in der Gsteckn, dem bewaldeten Hang an der Rieser Straße, einen kleinen Jungen, knöpfte ihm die Hose auf und betastete ihn gierig, ohne genau zu wissen, was ich wollte. Dann schickte ich ihn weg. Gegenüber dem Bruder, mit dem ich ähnliche Spiele kannte (ich erinnere mich, wie wir abwechselnd versuchten, das Bipfi in ein gläsernes Tablettenröhrchen zu stecken, das an uns hing wie das Penisfutteral der Papua-Bergstämme), wurde ich seit meiner Entdeckung in den Katakomben zurückhaltend. Jeder fing an, das Badezimmer zu verschließen.

Wie es geschah, daß die tastenden Arme meiner Phantasie wie die Tentakel der großen Kalamare der Tiefsee endlich doch weibliche Bilder ergriffen und festhielten, liegt mir im Dunkel. Waren es die Bücher, die ich las, und in denen Männer immer Frauen suchten? Wovon ich tagträumte, waren Wünsche, zu sehen, zu betasten, nicht zu vereinigen, wovon ich nicht wußte, wie es vereinigt werden konnte, weder bei meinesgleichen noch bei den Mädchen. Und doch war die Sehnsucht nach Vereinigung mächtig, legte sich auf meine wachsende Erregung wie Dunkelheit auf ein Feuer, das nach einem letzten Aufflammen erlischt.

Vom großen Entwurf des Allheilmittels schrumpfte die an mir selbst gefundene Lust zu einer kleinen Gehilfin, einer Möglichkeit, die mich überallhin begleitete, wo es anging, ungestört zu sein, oft vom Reiz des eigenen, nackten Körpers geweckt. Der Klositz aus hellem Buchenholz in Passau, der abgewetzte Fichtenholzring des Häusels in Deindorf, die kuschlige und hitzige Enge unter dem Federbett, sorgfältig um Geräuschlosigkeit bemüht, denn wenige Meter entfernt schlief der Bruder, mit dem ich das Geheimnis nicht teilte. Im Winter war das Passauer Bad nicht geheizt. Die Oma hatte einen großen Parabolspiegel aus Aluminium aufgestellt, in dessen Mitte eine Heizdrahtwicklung um einen Porzellanzylinder rot glühte. Wie einen Bühnenscheinwerfer richtete ich ihn auf mich für mein einsames Schauspiel.

Die zahllosen Wiederholungen löschen einander aus, aber das Gedächtnis, auf der Suche nach seiner eigenen Vergangenheit fast eine äußere, angreifende Macht, verbindet sich mit den Szenen, die durch das Eindringen von Störungen in Scham und Peinlichkeit haften blieben. Sorgfältig vergewisserte ich mich immer zweimal, ob die Tür auch verschlossen war, seit mich der stets schlecht gelaunte und von Darmübeln geplagte Passauer Opa einmal überrascht hatte. Er zog sich zwar zurück, als wolle er mich nicht bei meinem Geschäft stören, aber ob er nicht doch bemerkt hatte, daß es ein ganz anderes Geschäft war, als das, wozu ich eigentlich dasaß? Dieser alte Mann mit seinen Filzpantoffeln und dem schweren, schlurfenden Gang, der immer an mir vorbeischaute und nie zufrieden war, der mich wie einen Bittsteller warten ließ, wenn ich ein Buch ausleihen oder einen Bleistift gespitzt haben wollte (er tat es dann, langsam und perfekt), war mein Feind und hielt mich für den seinen. Denn er war es, der mir die eroberte und besetzte Festung, in der ich thronte und genoß, neidete. Da kamen die langsamen Schritte, der Griff zur Türklinke, ein sorgenvoller Blick meinerseits: Hatte ich gut abgeschlossen? Ein Brummen, Schritte, die sich entfernten. Jetzt hätte ich mich beeilen müssen, aber ich war mittendrin, ich war beschäftigt, selbstvergessen. Da kamen die Schlurfschritte wieder, und ich duckte mich, denn jetzt wurde geklopft und laut geschimpft über den Rücksichtslosen, der da zu vergessen schien, daß es Mächtigere gab als ihn, die auch aufs Klo mußten. Jetzt beeilte ich mich sehr, aber gelegentlich kam es doch dazu, daß die drohenden Schritte ein drittes Mal laut wurden und ein wüstes Schimpfen und Donnern gegen die Türe losbrach. Der Feind beklagte sich gar bei der Mutter, die dann – leiser freilich – einstimmte und es eher komisch als fluchwürdig zu finden schien, daß ich so gerne und lange auf dem Lokus las. Denn ich nahm immer ein Buch mit und tarnte die neue Leidenschaft mit der längst bekannten und gebilligten.

Gleichzeitig mit meinem Fund in den Katakomben entdeckte ich auch den Spiegel neu. Früher hatte ich mich nie besonders für ihn interessiert. Fotos, die meine Mutter gelegentlich machte, besah ich nur flüchtig. Jetzt starrte ich mir lange in die Augen und hätte gerne anders ausgesehen, wie Johnny Weissmüller etwa oder Dieter Borsche. Ich probierte den bescheidenen Kosmetikvorrat meiner Großmutter (die Mutter bot auf diesem Gebiet schlechterdings nichts), salbte meine Haare mit Klettenwurzelöl und eine Weile, bis ich den Irrtum entdeckte, mit einer weißlichen Paste, die ich für Frisiercreme hielt, die aber tatsächlich ein Haarwaschmittel war. Ich begann, mich jede Woche einmal ausgiebig mit warmem Wasser zu waschen, das ich mit Hilfe eines Tauchsieders selbst zubereitete. Im Bad stand ein Tischchen, das wohl früher zu einer Kinderbadewanne gehört hatte und gerade vor das Waschbecken paßte. Darauf saß ich nackt im Schneidersitz, betrachtete mich und war darin vertieft, gleichzeitig die Füße möglichst tief im heißen Wasser unterzubringen und zu verfolgen, wie sich die Lust in mir verkörperte. Plötzlich ging die Tür auf, der Opa stand im Bad, glotzte und verschwand, brummte grollend im Hinausgehen. Er fand offensichtlich keine Worte, meiner Mutter zu berichten, was geschehen war. Auch mir gegenüber erwähnte er es nie wieder, so daß ich mich allmählich überzeugen konnte, er habe nichts gesehen, sei vor meinem Anblick erschrocken und habe das Weite gesucht. So tat ich, als sei nichts gewesen.

Mein ganzes Ostergeld wendete ich an ein großes Fahrtenmesser, rostfrei und mit einem Vorsteckfach an der Lederscheide, in dem ein Klappbesteck – Löffel und Gabel – griffbereit waren. Ich gürtete es mit einem alten Kofferriemen um meine Hüften, zog die Badehose an und posierte als Tarzan. Irgend etwas stimmte nicht. Ob es das Besteck war? Tarzan hatte keines an seinem Messer. Außerdem war seine Hose aus Leopardenfell, nicht aus blauer Wolle. Ich steckte die blanke Klinge in den Gürtel.

Die Insel

Eine Staubstraße führte von Hals das Ilzufer entlang, zu einer in die Böschung getretenen Treppe. Gegenüber lag die Insel, kaum mehr als eine Sandbank, mit Schilf bewachsen, von einem schmalen Streifen Schlamm und Kies gesäumt. Durch das Schilf führten Trampelpfade. Man konnte sich hier gut verstecken, in kleinen Buchten des ausgetretenen Weges, unter den niedrigen Weidenbüschen oder unter der ausgewaschenen Böschung, wo die leichte Strömung des gezähmten Flusses vorbeizog. Das war die Zeit, in der ich gedankenlos nur schwimmen und planschen wollte. An diesem Platz weinte ich meinem zum ersten Mal aufgeblasenen Wasserball hinterher, den ein heftiger Wind weitab ins unerreichbare Tiefe trieb. Ein älterer Junge holte ihn und gab ihn mir mitleidig lächelnd, worauf ich mich bitter meiner Tränen schämte.

Die ersten Bikinis tauchten auf, von Mutter und Großmutter argwöhnisch betrachtet. Wie unpraktisch! Vor allem die trägerlosen Oberteile! Wie geschmacklos Frauen, die erkennen lassen, daß der Mensch ein Säugetier ist! «Man könnte doch einen Büstenhalter erfinden, der durch Saugnäpfe festgehalten wird. Wenn die Frau dann Milch in der Brust hat, dann saugt der Saugnapf die Milch aus der Brust.» Mir kam das einleuchtend vor. Aber ich merkte, daß mein Einfall, der die trägerlosen Brustverkleidungen und die Saugnäpfe an den Seifenschalen im Bad verknüpfte, bei der

Mutter ein stumpfes, fast abweisendes Echo auslöste. Ich konnte es mir nicht erklären, sprach aber lieber nicht mehr über solche Erfindungen.

Die Insel in der Ilz, Sand und Schlamm, Schilf und Weiden, änderte sich nicht. Am Ufer wurde ein Kiosk gebaut, in dem man Eis und Kracherl kaufen konnte. Während wir uns bisher im Freien umgezogen hatten, mit sorgfältigen Verrenkungen bemüht, nichts zu zeigen, wenn unter den zu kurz gewordenen Hemden Unterhose gegen Badehose (und umgekehrt) gewechselt wurde, fanden wir im nächsten Sommer kleine hölzerne Verschläge mit Bänkchen und einem schlichten Schließmechanismus (Haken und Öse, vom Häusl in Deindorf vertraut). Darin sollte man sich umziehen. Aber es gab auch noch die andere Möglichkeit, mit einem prickelnden Gefühl des Abenteuers (denn nur dünne Holzwände schützten vor Schmach und Entdeckung) die verschwiegene Lust der Katakomben zu suchen. Das war ein lohnender, seiner sicherer Genuß, verglichen mit den Freuden des Lauschens und Spähens, für die meine Vorgänger die dünnen Bretterwände mit dem Taschenmesser auf interessanter Höhe kraterförmig durchbohrt hatten.

Ich hatte nicht damit gerechnet, daß auch andere lauschten und spähten. So drang eines Nachmittags – es war ein sehr heißer Sommer – plötzlich eine männliche Stimme in meine Idylle, fragte teilnahmsvoll und hilfsbereit durch die Bretterwand hindurch: «Ja, was machst du denn da, mein Junge?» Ich erstarrte. Die verfluchten Löcher! An die hatte ich gar nicht mehr gedacht! Wie jemand, der Deckung vor den Kugeln sucht, die mörderische Polizisten durch die Haustür des versteckten Verbrechers jagen, duckte ich mich in einen Winkel und sagte entschieden: «Gar nichts!» Dann machte ich ganz leise weiter, denn ich konnte in meinem Zustand schlecht die Bude verlassen. Nach einer

Weile schlich ich vorsichtig aus der Kabine. Es war niemand zu sehen. Erleichtert trat ich den Heimweg an.

Ich war in Sturmberg auf Mädchen als Spielkameraden angewiesen. Es gab niemand in der Nähe, der im Alter zu mir paßte, sagte ich mir, denn ich wußte wohl, daß es eigentlich ein wenig ungehörig war. «Der Wolf spielt gern mit Mädchen», sagte die Mutter zur Oma. Es klang in meinen Ohren mißbilligend. Außerdem war mir klar, daß ich für diese Mädchen eigentlich schon zu alt war, während ich andrerseits denen in meinem und einem etwas überlegenen Alter unbeholfen und ratlos begegnete. Ein Teil dieser Treffen behielt lange den scheuen, unverbindlichen Charakter der Kindheit. Ich ging aus der Wohnung und lungerte im Hof herum, wanderte um die verschiedenen Häuser, bis ich jemanden traf, der Federball spielen wollte oder Mensch ärgere dich nicht. Dann saßen wir auf den Granitstufen der Kapelle, Gabriele mit ihren schönen dunklen Zöpfen, Renate mit ihrer Pagenfrisur, die blonde, gesittete Christine, plauderten harmlos, und doch versuchte ich, unter Röcke zu blicken oder in Achselhöhlen, vor allem, seit mir Gabriele erzählt hatte, in der Klosterschule müßten alle Mädchen auch im Sommer Ärmel tragen, die so lang seien, daß niemand die Haare in ihren Achselhöhlen sehen könne.

Ich dünkte mich ihnen überlegen, weil ich näher an Geheimnissen war, von denen sie noch nicht einmal wußten, daß es sie gab – das bildete ich mir wenigstens ein. Sie waren alle vielleicht zwei Jahre jünger als ich. Manchmal hatte ich das Gefühl, sie gerade vor dem beschützen zu müssen, was ich mit ihnen anstellen wollte – und es war mir unklar, wie ich sowohl das eine wie auch das andere anstellen sollte. Heine hat es erhabener (aber vielleicht mit einem ähnlichen inneren Widerspruch) ausgedrückt:

«Du bist wie eine Blume
so schön und hold und rein,
ich seh dich an, und Wehmut
schleicht mir ins Herz hinein.

Mir ist, als ob ich die Hände
auf's Haupt dir legen sollt,
betend, daß Gott dich erhalte,
so rein und schön und hold.»

Am besten war es, mit den Mädchen zu spielen. Kindliche Spiele, zugegeben, Quartett und Fangermandel, Federball, wo ich das alte Tennisrakett der Oma meisterlich handhabte und keine würdige Gegnerin fand. Aber ich vergaß für eine Weile meine Sehnsüchte. Ich war der Erzieher, der Maître de plaisir (so sagte die Oma, die im Internat Französisch gelernt hatte). Hatten sich nicht schon bessere Männer in dieser Weise um die Damen bemüht? Freilich, vor meinen Schulkameraden im Gymnasium mußte ich solche Spiele verheimlichen. Sie hätten mich ausgelacht. Einmal war ich überzeugt, die Gabriele müßte meine Liebste sein: etwas sehr Inniges, von dessen Vollzug ich nicht wußte, obwohl mir klar war, daß etwas Entscheidendes passieren mußte, das ich aber nicht kannte, obwohl ich mich sehr danach sehnte. Ich nannte es «Liebe», hätte mir aber eher die Zunge abgebissen, als zu irgend jemandem darüber zu sprechen. So lief ich vor das Hoftor und wartete auf Gabriele, die immer am Abend im Stall die Milch holte. Etwas, irgend etwas, vage und großartig, würde passieren, wenn ich sie heute traf. Traf ich sie nicht, dann war die Gelegenheit vorbei. Sie würde sich nie in ihrer ganzen magischen Kraft wiederholen! Ich war traurig und erleichtert, als Gabriele an diesem Abend nicht kam.

Ich ertrug es schlecht, diese schwärmerischen Gefühle,

die den Anblick der Menschen scheuten, mit niemandem teilen zu können. Ich kaufte ein Notizbuch, in rotes Wachstuch gebunden, mein geheimstes Tagebuch, und schrieb mit dem zerbrechlichen Bleistift, der dazugehörte, hinein: «Das einzige, was ich im Leben will, ist die Liebe. Und hoffentlich kriege ich sie noch, bevor der Atomkrieg kommt.» Es war an einem Winterabend, ich saß in der Küche, allein, denn in unserem Schlafzimmer war es eiskalt, und in unserem Wohnzimmer hätte die Mutter vielleicht gefragt, was ich denn schriebe. Dann steckte ich das Buch in die Hosentasche und ging hinaus. Im Gang war es dunkel. Für einen Augenblick stellte ich mir vor, wie es wäre, wenn Mutter, Bruder, Großeltern, kurz alle vertrauten Menschen plötzlich verschwunden wären. Ich sah mich durch die Nacht hetzen und sie suchen. Dann machte ich der Angstlust ein Ende und die Tür auf. Im kleinen Ofen brannte ein Feuer, unter der Lampe saßen Mutter und Bruder auf der Eckbank, lesend. Ich setzte mich dazu und atmete tief. Dann suchte ich in meinem Bücherstapel aus der Europabibliothek (so hatte sich das einstige Amerikahaus umgetauft) und fing ebenfalls an, zu lesen.

Nachdem die Mitzkes ausgezogen waren, um der ältesten Tochter und ihrem Früchtchen nach Amerika zu folgen, wohnte dort eine Familie mit drei Töchtern. Die jüngste war im Alter von Gabriele, die beiden älteren – Roswitha und Ingrid – mußten etwa ein und drei Jahre älter sein als ich, sie trugen toupierte Haare und enge Pullover, die ihren Busen betonten. Ich war gefesselt. Während ich, wenn wir uns auf dem Schulweg trafen, Konversation machte, sammelte ich Einzelheiten: Blicke und Gesten, das Leuchten der Augen, die geschwungenen Linien von Brüsten und Schenkeln. Dieses Baumaterial, das leider rasch verfiel und schrumpfte, holte ich aus den Speichern, wenn ich allein war, Herr und Sklave meiner Lust. Dann wurde Ingrid zur

Sirene auf der einsamen Insel in der Ilz. Ich schwamm nicht vorüber, wie Odysseus, sondern folgte ihrem stummen Locken, ihren trägen Bewegungen, mit denen sie zwischen flüsternden Wänden aus Schilf ihren blauen Badeanzug abstreifte, mir Busen und Scham zeigte, und... Ich wußte nicht weiter mit Ingrid, ich wußte nur weiter mit mir selbst und begrub uns beide unter roten Wogen.

Während mein Bruder in die Höhe schoß und eine tiefe Stimme bekam, sah ich immer noch kindlich aus. «Der Wolf ist ein Spätentwickler», sagte die Mutter. Mit 17 erst fing ich an zu wachsen und überholte schließlich meinen Bruder um eine Handbreit. Aber hinter dieser von mir oft wie ein Versteck benützten Fassade fühlte ich mich verwirrt und zerrissen. Weltschmerz und Askese, Augenblickslust und ausgreifende Zukunftspläne gingen durcheinander. In die Katakomben war Magma eingedrungen, das das erstarrte Gestein der Kindheit verschlang und zu neuen Formen kristallisierte. Viele der großen Worte und pathetischen Szenen, die ich in den Büchern fand, fesselten mich. Aber sie verbanden sich nur mit ihresgleichen, gaben mir keine Werkzeuge in die Hand, mich selbst besser zu verstehen. Die körperliche Lust und die Verbote des Beichtspiegels, die Liebesszenen in den Romanen und meine Gespräche mit Roswitha oder Ingrid: nichts fügte sich zusammen. Nur das gnädige Vergessen und die Pflicht, in der Schule zu arbeiten, brachten noch Ordnung in mein Leben. Einmal gab ich Roswitha die Hand zum Abschied und drückte. Sie schrie und bewunderte mich, weil ich so kräftige Hände hätte. Daraus wurde ein Spiel, das wir immer spielten, wenn wir uns trafen. Seine heimliche Erotik ging mir erst viel später durch den Sinn. Roswitha aber wußte wohl von ihr. Sie erzählte mir Räubergeschichten, die mich tief beeindruckten: in der Gsteckn, in einer Sandhöhle (die es dort tatsächlich gab, rötlich verwitterter Granit), hauste eine Mörderbande, die Frauen umbrächte, drei hätten sie schon auf dem Gewissen. Ich stellte mir vor, wie ich mitten unter die Räuber sprang, hoch aus einem Baum wie Tarzan, sie in die Flucht schlug und eine nackte Roswitha rettete, die sich mir dann dankbar hingab. Einmal trug Ingrid den Arm weiß eingegipst in der Schlinge: Sie hatte sich einen Knochen gebrochen. Ich stellte mir vor, wie das Glied schlaff herunterhing und durch den steifen Verband erst wieder in die richtige Lage gebracht werden mußte. Ich hatte mir noch nie etwas gebrochen. Ich hatte feste Knochen und war stolz auf sie. Doch erschienen sie mir auch derb, unfein, anders als die von Roswitha und Ingrid, die beide über drei oder vier Knochenbrüche berichten konnten – «wir sind eben so zart gebaut».

Eine verhauene Lateinschulaufgabe, ein Fünfer in Mathe, schon war das Vorrücken gefährdet. Nach dieser Fünf ging ich an der Donaulände entlang. Hier war der Weg länger und einsamer. Es lag Schnee, die Poller, an denen die Schiffe festmachten, trugen weiße Mützen, die Rohre der Öfen rauchten, mit denen die Flußschiffer ihre kleinen Häuschen auf dem Achterdeck heizten. «So ist es, wenn man ganz unglücklich sein müßte, weil alles zusammenbricht», überlegte ich. «Komisch, daß ich so ruhig bin. Es macht mir längst nicht soviel aus, wie ich dachte.»

Mein Fatalismus hing damit zusammen, daß ich mich nicht verantwortlich fühlte. Sollte die Mutter sich den Kopf zerbrechen, was zu tun sei, ich hatte mich genug geplagt, ich hatte meine eigenen Sorgen. Dieser blöde Dumm! (So hieß der Mathelehrer.) Als ich mit meinem neuen Mantel (einem kurzen Dufflecoat mit Plastikknebel-Schließen und einem Kragen aus falschem Pelz) in der Bank saß, ich mochte ihn nicht ausziehen, er war so schön, hatte er gesagt: «He du, trägst du den Mantel als Sakko?» Ich wußte nicht, was ein Sakko war, sagte aber grinsend: «Ja!» Er beklagte sich bei der Mutter. Ich solle nicht mehr unverschämt zum Herrn

Dumm sein, wurde mir nachher gesagt. In Griechisch müßte ich besser aufpassen. Lücken am Anfang lassen sich später nicht mehr ausgleichen. «Du bist so begabt, mit einer Stunde wirklichem Arbeitens am Tag könntest du es schaffen», versicherte die Mutter. Das kam mir nicht unmöglich vor. Ich setzte mich jeden Tag die Stunde nach der Schule hin, bevor ich anfing, zu lesen oder ins Freie zu gehen. Tatsächlich wurde es im zweiten Halbjahr besser, das Damoklesschwert war weggehängt.

Die gymnasialen Mächte, die ungreifbar und überwältigend im Direktorat residierten, hatten mich in die B-Klasse gesteckt. Nur in der A-Klasse gab es Mädchen. Die Stimmung in unserem Klassenzimmer verwandelte sich allmählich. Persönliche Beziehungen wurden wichtiger, sie durchtränkten die alte Prügelordnung mit Lösungs- und Bindemitteln, die ihr bisher fremd waren. In der Obertertia, der sechsten Klasse, kam die erste moderne Sprache, Englisch. Ich nahm gleich noch zwei Wahlfächer dazu: Französisch und Italienisch. Im Französischunterricht waren wir mit drei Mädchen aus der 6 A zusammen. Die Stimmung in dieser Wahlklasse war anders. Das Klassenzimmer lag nach Süden, nicht nach dem morgens immer düsteren Westen, wie unseres. Es gab keine ständige Rempelei, keinen Zwang, immer die Kräfte abzuschätzen, wem man in die Quere kam. Das Mädchengestirn lenkte die männlichen Planeten in friedliche Bahnen. Obwohl ich ihm so fern war wie Pluto der Sonne, erfaßte mich sein wohltätiger Einfluß.

Die Französischlehrerin schien mich zum Paradebeispiel für den unheilvollen Einfluß des bayerischen Dialekts auf die Nasallaute auserwählt zu haben und zwang mich zu Vorleseübungen, die mich kaum weniger lähmten als das Vorsingen im Musikunterricht. Dafür rächte ich mich, als sie einmal ein Tonbandgerät aufstellte. Sie wies einen der dienstbeflissenen Schüler an, doch die Schlingen und Knoten aus dem Kabel der Zuleitung zu lösen, vielleicht könne der Strom nicht durch sie hindurch. Überlegen belehrte ich die Studienrätin, daß Elektronen in einem Kupferdraht auf andere Weise fließen als Wasser in einem Gartenschlauch. Ich konnte mich nicht enthalten, ihre physikalische Blöße jedem zu schildern, der mir zuhören wollte, und den doppelten Triumph ihrer Niederlage und der Schaustellung meiner Kenntnisse über die atomare Welt auszukosten.

Meine Beziehungen zu Mädchen veränderten sich nur in meinen Phantasien. Äußerlich blieb ich entweder trotzig-gleichgültig (gegenüber gleichaltrigen und älteren) oder hilfsbereit-väterlich (gegenüber Gabriele und meinen kindlichen Spielgefährtinnen). Unter den Kameraden aber fand ich auf einmal Gesprächspartner. Die Angst vor Lehrern und körperlich überlegenen Repetenten (so hießen in Passau die Sitzenbleiber, die uns fleißige Kleine ihre Stärke fühlen ließen) verschwand allmählich. So ergaben sich neue Kontakte, die früher in dem Einheitsbrei ängstlicher Schüler untergegangen waren, Kontakte von anderer Art als die Wanderkumpanei von Neudeutschland oder die Kinderbanden von Sturmberg. Frisch gegründet, mit Stöcken und Stachelgerten von Rosenbüschen bewehrt, entwickelten sie Schlachtpläne gegen feindliche Banden und lösten sich oft vor jeder Tat auf.

Der geraume Zeit ungelöste Konflikt zwischen meiner kindlichen Frömmigkeit und den neuentdeckten Ritualen der Katakomben belastete mich und beschwor strafende Phantasien herauf. Obwohl sie das Gesundheitslexikon dementierte, hielt ich doch an der Vorstellung fest, an einer unheilbaren Krankheit zu leiden. Als mir einer dieser Freunde, der gerne mit seiner sexuellen Reife prahlte, von seiner unglücklichen Liebe zu einer der Schülerinnen in der 6A erzählte, sagte ich dunkel: Wenn ich alles bekennen würde, was es zu bekennen gäbe, könnte deutlich werden,

daß ich an einer schweren Krankheit zugrunde gehen müsse. Aber unerschüttert würde ich doch meinen Weg suchen – si fractus illabatur orbis, impavidum ferient ruinae!*
Ich wußte anscheinend, daß mein Freund Schauer, sehr in seine eigenen Erzählungen verliebt, nicht nach meinen Geheimnissen fragen würde (denn dann wäre ich sehr um eine Antwort verlegen gewesen), sondern sie mit mir genoß, wie ich die seinen.

Mit wohligem Grausen hörte ich mir Zoten an, die er mir erzählte wie große Geheimnisse. Nie später habe ich mir Witze auch nur eine Stunde merken können. Diese aber behielt ich bis heute. Zum Beispiel:

Zwei Jungen, die Hose und Sack heißen, klettern beim Bauern auf den Heuboden, weil sie Eier stehlen wollen. Der Bauer aber, durch ein Geräusch geweckt, läuft zur Scheune und schreit: «Hose runter! Sack raus! Eier zeigen!»

Ich erwog diesen Text oft und schwankte, in welche Richtung ich mit meinen Vorstellungen gehen sollte. Übertragene und sexuelle Bedeutung konkurrierten miteinander. Ich sah den Heustock, die Scheune (Szenen, die ich sehr gut kannte), die Jungen – aber dann befolgten sie den Befehl in ganz anderer Weise, knöpften sich die Hosen auf, holten ihre Säcke heraus, zeigten ihre Eier.

Ein anderer Schauer-Witz ging in eine ähnliche Richtung.

Ein amerikanischer Neger hat eine weiße Frau kennengelernt – du weißt schon, was für eine. Sie zieht sich aus, er auch. Sie fängt an, sich mit einer Creme einzuschmieren. Da

* «Wenn auch der Erdkreis gebrochen zusammenstürzt, schreitet er doch unerschrocken über die Ruinen», ein Horaz-Vers, den ich aus einem meiner Lieblingsbücher, Hauffs «Lichtenstein» kannte und auswendig lernte.

nimmt er seine Armbanduhr – sie hat ein Fixoflex-Armband, du weißt schon – und tut es um sein Dings, du weißt schon, herum, und sagt: «Wenn du machen Glatteis, ich nehmen Schneekette!»

Man muß sich nur zu helfen wissen! Während ich keine Ahnung hatte, was der Neger sonst hätte machen wollen, sollen oder müssen, war mir das Uhrarmband um ein dickes Glied ein faßliches Bild.

Den dritten der Schauerschen Witze verstand ich nicht. Das war peinlich, sooft er ihn erzählte. Denn ich pflegte mir eine wissende Miene zu geben, an den nötigen Stellen zu lachen oder, was mir bedeutungsvoller schien und ihn auch mehr befriedigte, ihm mahnend zuzurufen: «Paß nur auf, daß du es nicht zu weit treibst!» Dann warf er mir Seitenblicke zu wie Bonifatius den Sachsen, als er die heilige Eiche fällte, und trieb es um so toller.

Zwei Zwerge wandern durch die Nacht. Sie sind schon halbtot vor Hunger und Müdigkeit, als sie ein Feuer sehen. Leider gehört es zu einem Haushalt von Riesen. Gottlob ist nur die Riesin zu Hause, die sich vom Anblick der zerzausten Zwerge rühren läßt, sie aber vor ihrem Mann, dem Menschenfresser, warnt. Plötzlich hört man schwere Schritte. «Versteckt euch, versteckt euch an mir», sagt die Riesin. Da kriecht der eine Zwerg in ihr Ohr, der andere, na du weißt schon wohin. Am nächsten Tag gehen die Zwerge weiter auf Wanderschaft. «Wie war denn dein Quartier», fragt der eine Zwerg den anderen. «Gut», sagt dieser «ruhig und gemütlich, und jede Menge Schmalz zum Essen.» – «Und deines?» – «Schlecht, ich hatte eine ganz unruhige Nacht, auf einmal hat es gerumpelt, ein Erdbeben brach aus, daß ich mich nicht auf den Füßen halten konnte, der Menschenfresser hat immer nach mir gegriffen und am Schluß hat er mich angespuckt!»

Der sexuelle Akt blieb ein Rätsel, das ich erst zwei Jahre später löste. Mein Denken war nicht nur gehemmt (in den katakombischen Phantasien wurde abgeblendet, wie im Kino, wenn Ingrid, Roswitha oder später eine der Schönen des Quelle-Katalogs nackt waren und mir begehrend die Arme entgegenstreckten). Es wurde auch in eine falsche Richtung gelenkt. Ich war erstarrt und fieberte dem entgegen, was mit mir geschah. Ich tat nichts mit meinen Traumfrauen; eher erwartete ich ihre verführenden Gesten.

Aus meinem Umgang mit dem Schauer erinnere ich mich an konkretere Einzelheiten als aus den Gesprächen mit meinem anderen, neuen Freund, dem Mikus. Weniger weltmännisch und ohne Anspruch auf frühe verworfene Erfahrung, war er leidenschaftlicher und an den großen Fragen interessiert, für die auch ich Antworten suchte, voller Verachtung für jene, die nichts von Atomkernen, Elektronenbahnen, Quantensprüngen und Willensfreiheit wußten. Waren einst Streitgespräche früher oder später durch den Einsatz brachialer Gewalt entschieden worden, so wollte jetzt der Wortkampf nicht enden. Argumente, zu immer dichteren Wolken gestaut, kreisten um unsere Köpfe, ohne daß wir am Ende ein Ergebnis erzielten oder auch nur zum Ausgangspunkt zurückfanden.

Schlittschuhfahren

Solange ich davon träumte, mit Dietrich von Bern zu reiten, in einer festeren Brünne als er und mit schärferem Schwert, war ich sicher. Die Welt, die ich mit meinen Freunden teilte, unterschied sich deutlich vom Pferdegetrappel, Turnier und Lanzenstoß, von der Unbesiegbarkeit und Unverwundbarkeit des Ritters ICH. Er half den anderen Helden aus gefährlichem Hinterhalt, ihres Dankes und ihrer Freundschaft sicher. Seit Jungfrauen mehr waren als die im Kampf mit dem Drachen eben mal gerettete Nebensache, seit ich neben mir sah, von wem ich auch träumte, seit mir klarer wurde, daß der Held nicht die gerettete Tochter den denkbaren Eltern zurückgibt, sondern etwas mit ihr anfängt, fühlte ich mich verlegen, wie ich es wohl auch gewesen wäre, hätte ich wirklich Dietrich bei Ravenna, Winnetou in der Prärie oder Tarzan im Dschungel getroffen. Die eigene Hand, der peitschende Wasserstrahl, die von ihnen empfangene und sich aus ihren eigenen Empfindungen nährende Lust ließen sich nicht wirklich mit Ingrid oder Helga, Gabriele oder Renate verbinden. Eine fremde Welt, ein dunkler Kontinent, Frau. Meine Ahnungslosigkeit, die viel tiefer reichte als die kirchlichen Sündenregelungen, kleidete sich in deren Verbote. Gern wär ich verworfen gewesen, lüstern, geil, doch ich wußte nicht, wie.

Was ich tun konnte, tat ich. Ich wollte sehen! Heimlich glitten meine Blicke die Linien von Schenkeln entlang, in

Ausschnitte hinein, haschten nach dem Verborgenen. Beim Baden spähte ich aus den Augenwinkeln nach jenen Zwischenstadien, in denen die Unterwäsche nicht mehr, der Badeanzug noch nicht am Körper saß. Immer blieb ich hungrig. Gleichzeitig fühlte ich mich selbst beobachtet und ausgelacht, wenn ich, unter dem etwas zu kurzen Hemd entblößt, die Badehose nicht über die Füße bekam und zu stolpern drohte. Ich blätterte unersättlich in den Fotobüchern des Vaters. Tatsächlich gab es dort einige Aktaufnahmen, leider künstlerisch, nicht an dem interessiert, was mir wesentlich war. Nur ein Bild kam in die Nähe dessen, was ich wünschte; es stellte einen holzgeschnitzten Soldaten dar, eine Gliederpuppe in Uniform, die lüstern eine Aktaufnahme betrachtet, die endlich recht deutlich war, ein Bild im Bild, da war es vielleicht eher erlaubt, nun stark verkleinert. Mich störte die alberne Figur. Meine Gefühle hatten einen versteckten, schwer faßbaren, aber festen Kern: Ich war mir hinter aller Unsicherheit und Scham doch dessen gewiß, daß es richtig war, diesen Körper zu begehren.

Erlaubt war die Schau- und Zeigelust in körperlosen Gebieten, in Atomphysik und Philosophie. So las ich Pascual Jordan und Albert Camus, Carl Gustav Jung und Sigmund Freud. Ich plusterte mich und krähte, spreizte die Bildungsfedern, wenn eines der Mädchen in die Nähe kam, von denen ich eigentlich etwas ganz anderes wollte. Ich war von dem, was ich mir angelesen hatte, weit überzeugter als von meinem körperlichen Reiz. So redete ich, um eine Kluft zu überbrücken, die ich gerade dadurch aufriß, daß ich mich von meinen Gefühlen entfernte, um scheinbar überlegen und unangreifbar zu bleiben. Wie Siegfried im Drachenblut, härtete ich mich im Bildungsbad und fühlte mich ähnlich unverwundbar. Dennoch blieb ich unzufrieden, selbst als der alte Kerber, Cerberus genannt, Latein- und Deutschlehrer in Weilheim, mir lobend ins Zeugnis schrieb: «Besonders hervorzuheben ist seine umfangreiche und fundierte Belesenheit.»

Ich schämte mich meiner Wünsche und meiner Scham. Immer wieder las ich in den wenigen schlüpfrigen Romanen, die ich im Bücherschrank der Mutter fand. «Yangtsekiang» hieß einer. Da verliebt sich die schöne Eurasierin in den hünenhaften Deutschen. «In Asien», sagt sie, «wirbt das Weib um den Mann.» Und läßt den Kimono fallen, unter dem sie nackt ist. Der Held aber räuspert sich, schluckt, hebt den Kimono auf und wickelt ihn um sie, denn er liebt eine kratzbürstige, blonde deutsche Lehrerin. Anders als er hätte ich Chiquita aus Macao nicht widerstanden. Die Szene erregte mich, ohne daß ich ahnte, was ich mit der verführerischen Asiatin hätte tun müssen, wäre ich ihr begegnet. Von ihr ging eine Macht aus. Ich wußte nicht, wie ich sie sammeln und verdichten konnte. Die Trennwand zwischen diesen willigen Bildern und den wirklichen Frauen schien undurchdringlicher zu werden, meine lüsternen Blicke zu einsamer Wiederbelebung und Verwendung wurden verstohlener, wenn ich sie festhalten wollte, während ich äußerlich so tat, als sei nichts, als sei ich ein Kind oder ein gebildetes Neutrum.

Ich wartete auf ein Ereignis, das ich nicht fassen und nicht lassen konnte. Einmal traf ich auf einer meiner ziellosen Wanderungen eine Frau, die in dem kleinen Wäldchen gegenüber dem Haus in Feldafing unter der Linde saß, auf die ich manchmal kletterte, weil man von ihr aus den See und das Gebirge sah. Ich ging erst vorüber, als hätte ich nichts gesehen. Dann kam ich zurück und blieb stehen. Warum war sie keine Asiatin, wo die Frauen um die Männer warben? Was sollte ich nur sagen? «Wollen Sie hier übernachten?» fragte ich endlich. «Was geht dich das an?» sagte sie abweisend. So zog ich ab. Am liebsten hätte ich sie mit Rasensoden beworfen, weil sie nicht war, wie sie sein sollte, weil ihre Anwesenheit der sonnenbeschienenen Wiese und den Schattenspielen unter der Linde den Frieden nahm. Früher hatten wir so die Liebespaare aus der Gsteckn in Passau vertrieben. Aber ich war zu alt dazu. Das taten Kinder. Sie hätte sagen sollen: «Ja, ich will hier mit dir übernachten!» Dann wäre ich im Schutz der Dunkelheit, wohlversehen mit dem Hausschlüssel, auf die Wiese gekommen. Im Sternenlicht hätte sie mich eingeweiht. Ich kam tatsächlich, vielleicht hatte sie es ja nicht so abweisend gemeint. Aber sie war fort. Ich setzte mich auf den Platz, wo sie gesessen war. Hatte sie eine Botschaft, ein Zeichen hinterlassen? Ich fand nichts.

Auf einem Gang durch die Schlucht zwischen Feldafing und Possenhofen überlegte ich, einen Zettel an einen Busch zu hängen. Nachricht für eine Spaziergängerin, die ebenso auf der Suche war wie ich selbst. Aber ich fand nicht die Worte für meine Sehnsucht. So ließ ich den Zettel in den Starzer Bach fallen. Er trieb fort, verlor sich im Schaum eines kleinen Wasserfalls. Später begegnete ich einem großen schwarzen Hund, hinter dem eine Frau her ging. Sie wirkte alt und streng. Ich erschrak wie im Angesicht eines Bären, als der düstere Neufundländer einige Minuten später hinter mir her lief. Seine Herrin war nicht in Sicht. In seinem Blick las ich Tücke. Ich sah schon mein Blut aus seinem Maul tropfen wie jetzt den Geifer. So sprang ich die Uferböschung hinunter in den Bach, achtete nicht auf meine durchnäßten Schuhe, kletterte hastig das andere Ufer hoch. Oben wandte ich mich um, blickte suchend nach Steinen und Prügeln, mich des Verfolgers zu erwehren, dessen heißen, stinkenden Atem ich schon im Nacken spürte. Aber er kam nicht; ich war erleichtert, wieder allein.

Meine Mutter war nach Feldafing gekommen, weil Leni dort wohnte, ihre beste Freundin während der Arbeitsdienstzeit. Sie hatte einen Beamten der NS-Verwaltung geheiratet, einen hohen Nazi, hieß es. Von SA und SD – dem Geheimdienst – war die Rede. Jedenfalls war Lenis Mann vom Krieg verschont geblieben. Das verdroß mich. Obwohl ich die Bereitschaft meines Vaters blöd fand, sich nach Rußland schicken und erschießen zu lassen, konnte ich auch einen Mann nicht leiden, der erfolgreich getan hatte, was ich meinen Vater gern hätte tun lassen. Nach dem Krieg war Lenis Mann in einem Lager. Er mußte sehr hungern und wurde schließlich entnazifiziert. «Weil er damals so mager war, ist er jetzt so dick», sagte die Mutter. Als 1950 die abgerissenen Beziehungen neu geknüpft wurden, besuchten sich Mutter und Leni wieder. Ihr Mann wurde damals gerade in Starnberg Amtsgerichtsdirektor. Seine älteste Tochter war ein Jahr jünger als ich. Sie hieß Edelgard und wurde Gardi genannt; der Sohn, nach dem Krieg geboren, ging noch in die Grundschule. Der Richter war ein großer, aufgeschwemmter Mann mit vielen geplatzten Äderchen im Gesicht. Er wirkte wie ein gutmütiger Bierdimpfel, war aber meistens schlecht gelaunt. Weil er überparteilich war, wollten ihm diese Gauner immer etwas antun, erzählte Gardi. «Der Vater traut den Deutschen nicht. Er kauft Häuser in der Schweiz und in Österreich. Neulich sind wir mit unserem Mercedes, ohne auch nur ein einziges Mal zu tanken, von hier nach Brissago gefahren. Der Vater fährt aber auch am besten, immer über hundert.» Die Macht des Richters beeindruckte mich. Hatte er nicht das Motorbootfahren auf dem See für alle Neuankömmlinge verboten? Sie verlieh auch Gardi einen Reiz, der meine Phantasie beschäftigte, obwohl ich ihre Freundin Helga viel schöner fand, deren Vater ein Tennislehrer war und von deren Mutter man gar nichts wußte. Jedenfalls lud Helga niemanden zu sich nach Hause ein.

Jetzt erfuhr ich auch genauer, wie es zustande kam, daß meine Mutter in Feldafing ein Haus baute. Als sie zum ersten Mal nach dem Krieg die Leni besuchte, redeten sie auch davon, wie es mit ihr weitergehen solle. Die Witwenpension war sicher. Sie wollte nicht mehr als Lehrerin arbeiten. Die vier Jahre vor der Heirat reichten ihr völlig. Da hätte sie doch nur die Pension drangeben müssen, die hart genug erkämpft war. Kurz nach dem Krieg hatte es so ausgesehen, als ob der Staat sich aus seiner Verpflichtung stehlen wolle. Mein Vater war erst Assessor gewesen, Beamter auf Widerruf. Doch dann kam es dahin, daß die Witwen und Waisen (das war ich) von einer fiktiven Beförderung profitierten, welche den gefallenen Beamten zuerkannt wurde. So erhielt meine Mutter schließlich die Pension der Witwe eines Amtsrichters. Natürlich war das immer noch zu bescheiden, denn sicher hätte es mein Vater weiter gebracht. «Er war ein hervorragender Jurist», berichtete die Mutter. «Das hat sogar der Passauer Opa gesagt, der ihn sonst nicht leiden konnte.»

Und was sollte aus «den Buben» (uns) werden? Die müßten beide studieren, sagte die Mutter. «Liesel, du baust dir ein Haus hier in Feldafing und ziehst mit den Buben hierher!» – «Aber ich habe nicht genug Geld. Der Bausparvertrag ist noch nicht zugeteilt.» – «Unsinn. Wozu gibt es eine Zwischenfinanzierung. Du mußt Schulden machen. Jeder, der jetzt keine Schulden macht, ist blöd. In ein paar Jahren ist alles viel teurer!»

Der Richter und Leni waren geschäftstüchtig. Sie hatten eine Villa gekauft, Teil einer Militärschule der Nazis, ein großes, finsteres Gebäude im alpenländisch verbrämten Brutalstil. Das Erdgeschoß war vermietet. Ich saß mit Gardi auf dem Balkon, zählte die weißen Segel der Boote und hörte mir an, daß sie Kulenkampff wahnsinnig süß und sympathisch fand, Peter Frankenfeld aber widerwärtig. Ich kannte beide nicht, lernte sie aber bald kennen, denn Gardis Eltern hatten einen Fernseher, 1956 noch selten in den Haushalten. Manchmal, wenn der Richter Sitzungen hatte und am Abend nicht nach Hause kam, durften wir dableiben. Gardi versäumte keinen Auftritt der Quizmaster, wobei sie den einen stumm mit ihren Blicken verschlang und den anderen unerbittlich mit ihren Bemerkungen verfolgte – «Ist er nicht greislich? Pfui Teufel! So eine Verbrechervisage!»

In den Regalen standen, seit Jahren unberührt, immer noch die völkischen Bücher, der Mythos des zwanzigsten Jahrhunderts. «Er ist so empfindlich und leicht gereizt, weil alles falsch war, woran er als junger Mann geglaubt hat», sagte meine Mutter vom Richter. «Und er kann furchtbar grob werden. Er war wirklich ein glühender Nazi, einer von diesen Idealisten.» – «Zweimal hat ihn die Gestapo fast verhaftet, weil er Juden geholfen hat», sagte Leni. «Und wie haben sie ihn nach dem Krieg verleumdet, diese Verbrecher, die alle Dreck am Stecken hatten.»

Die Freunde der Familie mußten fort, wenn er aus dem Amt nach Hause kam. Leni mußte dann ganz für ihn da sein. Sie war rundlich und gutmütig; solange die Rede nicht auf ihren Mann kam, schien sie mir auch durchaus vernünftig. Ich hatte noch kein Elternpaar im Alter meiner Mutter erlebt. Der Richter blieb mir ein Rätsel. Manchmal schien er uralt, resigniert hinter seinem Bierglas. Dann ließ er zynische Sprüche los, die mir gefielen, weil sie ganz anders waren als die frömmelnde Fassade, die ich von den Autoritätspersonen in Passau kannte. «Du weißt doch, Elisabeth», sagte er etwa zu meiner Mutter, «Berge von unten, Kirchen von außen, Wirtshäuser von innen, das ist der Wahlspruch!»

Einmal nahm er uns zum Fischen mit, zu einem Forellenwasser in einem Moor bei Weilheim, einem klaren Bach, der sich durch karge Wiesen mit leuchtenden Büscheln von Wollgras schlängelte. Er fing nichts, redete aber von den großen Forellen, die unter den Weiden stehen, heute aber keine Lust hatten zum Beißen. Auf dem Heimweg rühmte er, wie schöne Fische er hier schon herausgeholt habe. «Aber man muß sie auch erwischen», bemerkte ich. Er verstummte und knurrte: «Jetzt wird er frech, der Junge.» Ich erschrak; schließlich hatte ich gar nicht beabsichtigt, ihn aufzuziehen. Jetzt war er wieder fremd, fern und unnahbar, besser, sich nicht mit ihm einzulassen. Dann schaltete er das Autoradio ein, stellte den Empfang auf den amerikanischen Soldatensender AFN und fuhr auf der Garmischer Straße Schlangen im Rhythmus der Jazzmusik. Leni war berechenbar, ich behandelte sie einfach so wie meine Mutter. Gardi gegenüber war ich mir selbst ein Rätsel. War ich ihr Spielkamerad? Freund? Viel stärker zog mich Helga an, aber sie war schwerer erreichbar. Ich hätte mich verabreden müssen. Aber ich schämte mich, das zu tun. Es war eine Scham, die sich kaum selbst erkannte, denn ich versuchte es nie, ich dachte nicht einmal daran, wußte also auch gar nicht, daß ich mich geschämt hätte, wenn…

Es war wie beim Schlittschuhfahren. Ich bewegte mich über Tiefen hinweg, nach denen ich mich sehnte, scheinbar mühelos, mit keinen anderen Wünschen als den erlaubten, keinen anderen Themen als den sachlichen. Das Eis krachte, aber nur ich hörte es. Aus Wasserlöchern schwappte es, aber ich wich ihnen geschickt aus. Sumpfgas stieg auf und hinderte die Eisdecke, sich zu schließen, aber ich versteckte die Zündhölzer.

Der Herbst kam und mit ihm das Oktoberfest. Gardi lud mich ein, mitzukommen auf die Wiesn. Helga sollte auch dabei sein; so sagte ich mit klopfendem Herzen zu. Ich kam mir unbeholfen vor neben Helga mit ihren rabenschwarzen Haaren und den blitzenden blauen Augen, dem Lächeln, das ich süß fand und wofür ich mich schämte, daß mir so kitschige Worte einfielen. Sie war still, wie abwesend, während Gardi erzählte, sie hätte eigens die schwarze Turnhose unter den Rock gezogen – da würden diese blöden Männer dumm schauen, die immer unter den Schaukeln und dem Kettenkarussell standen. Wir gerieten in die lustige Alm, eine Spaßfabrik mit Bildern draller Sennerinnen, fensterlnder Jager, die in Misthaufen fielen, und augenrollender Kühe, die mit Köpfen und Ohren wackelten.

Die Hauptattraktion war ein Gitter, über das die Besucher laufen mußten, um den Zuschauerraum zu erreichen. Unter schmetternder Blechmusik, vom Kreischen der Betroffenen, dem Grölen und Beifall der Zuschauer untermalt, wurden den Frauen die Röcke hochgeblasen. Ich spürte, wie mir die warme, nach Dieselqualm stinkende Luft in die Hosenbeine fuhr. Gardi blieb trotzig stehen, während der Wind ihren Dirndlrock hob und die schwarze Turnhose über den kräftigen Schenkeln unbeirrt an ihrem Platz blieb. Das Publikum buhte. Helga hielt ihren Rock fest, nur einen Augenblick konnte ich einen Spitzensaum sehen. Sie reizte mich mit ihrem unergründlichen Lächeln. Weil sich der Kontakt nur durch den Zufall, nur über Gardi ergab, blieb ich weit entfernt von ihr und dachte sehnsüchtig über unsere gemeinsame Zukunft nach. Diese Liebe war etwas unauffindbar Großartiges. Sie hatte mit meinen anderen Erlebnissen nichts zu tun. In der Zukunft müßte sie für mich aufgespart sein. Ich wagte es nicht, Helga in die vertrauten Phantasien aufzunehmen, sondern erdachte eine eigene, nur für sie.

Sie trug ein Schlittschuhkostüm aus schwarzem Samt. Ich wurde nicht satt, ihre Beine zu sehen, die etwas stämmig waren, mir aber über jeden Tadel erhaben dünkten. Warum war sie nicht immer so angezogen? Warum gerade hier, wo es so kalt aus Osten blies? Zeitalter vor einer Welt der Miniröcke und Hot pants, Zeitalter nach der Unschuld polynesischer Inseln diese schwarzen Strumpfhosen, der winzige Rock. Wir trafen uns zufällig, auf dem Traubinger

Weiher, im Eisstadion (das im Sommer als Tennisplatz diente). Helga zog ihre weiten Kreise, schnell und sportlich, sie übte vor allem das Übersetzen rückwärts, ovale Schneeflecken auf ihrem Po verrieten, daß sie manchmal stürzte.

Warum konnte ich sie nicht alleine für mich haben? Warum verriet sie mir das Rätsel der Liebe nicht? Während ich auf der spiegelnden Eisfläche Kurven zog und mir der Unzulänglichkeit meiner Ausrüstung schmerzhaft bewußt war, hoffte ich, sie würde mich ähnlich sehnsüchtig anschauen wie ich sie. Ich glaubte nicht daran. Ich fuhr nicht schlecht. Aber es gab genug Fahrer in meinem Alter, die rasanter in die Kurven gehen, sicherer mit dem Holzprügel umgehen konnten, der uns den Eishockeyschläger ersetzte. Immer noch war ich auf die alten Absatzreißer, die Schraubendampfer angewiesen, während die meisten anderen – auch Helga – «Complets» hatten, Stiefel und Eisen, zu einer Einheit verschmolzen, ohne die Gefahr, daß man mitten im Spurt den Schlittschuh verlor und schmählich stürzte. Ein Jahr später kaufte ich einem Mitschüler seine alten Eishockeyschlittschuhe ab. Helga war eingebrochen. Das dünne Eis hatte nicht getragen. Es gab niemand, der ihr zu Hilfe eilte. Das Wasser zog tödlich an ihr. Schon war sie fast verloren. Da rettete ich sie unter Gefahr meines eigenen Lebens. Ich brachte sie in einen Heustadel in der Nähe des Weihers, ich wärmte ihr die vom Frost erstarrten Glieder, bis sie sich mir hingab, gerührt von meiner Tat.

So blieben Sankt Georg und Perseus meine Vorbilder. Nur wer den Drachen bezwingt und sein Leben aufs Spiel setzt, gewinnt die an die Klippe gefesselte Frau. Ich war überzeugt, daß die Frauen nichts von mir wollten außer Leistungen, Verstand. Liebe und Begehren waren meine schmutzige Sache.

Die Sperre

Von der alten Triftsperre an der Ilz waren noch die Granitpfeiler erhalten. Wie Pfosten eines von Riesen gebauten Zaunes standen sie im Fluß, zwischen den Floßrutschen aus morschen, grünbärtigen Planken. Lang war es her, daß die Flößer hier ihre Böden mit Wied und Joch zusammenhefteten. Auf den Gebinden ging es dann an Passau vorbei, donauabwärts nach Linz, Wien, Budapest bis zum Schwarzen Meer. Manche Bayerwaldtanne fuhr als Mast auf russischen Fregatten oder als Planke venezianischer Galeeren in den Krieg gegen maurische Piraten.

Die Triftsperre war der Sammelplatz. Hier stand das Zollhaus, an dem der Fürstbischof seine Steuern von den Floßherren nahm. Hier wurden die aus Waldtälern und Bergbächen vom gestauten Schmelzwasser geschwemmten Stämme gezählt, gemessen, für ihre Reise vorbereitet. Wer seine Kindheit an Flüssen und Bächen verbracht hat, weiß um die Faszination der angehaltenen, zu bedrohlicher Stille gestauten und plötzlich wieder losgelassenen Strömung. Aus Steinen, Lehm, Sand und Ästen baute er Wehre, an denen das hochsteigende Wasser nagte. Dann riß er den Damm ein, blickte der Flutwelle nach, die durch das ausgetrocknete Bachbett strömte. Wie anders Macht über die Strömung gewinnen? Es war unmöglich, die Quelle zu verstopfen. Die Ursprünge ließen sich dort, wo ich stand, nicht mehr auffinden. Die Sperre gab für kurze Zeit das Gefühl, der Fluß sei aufzuhalten. Der Sieg trog. Jedes künstliche Wehr wurde überflutet und zerfressen. Da war es besser, das eigene Werk einzureißen und das gestaute Wasser zu befreien, ehe es sich selbst einen Weg suchte, den man nicht mehr verstopfen konnte.

Meine Großeltern erinnerten sich noch an die Zeit vor dem Bau der Staustufen, die Zeit der Flößer. (Mein Urgroßvater Karl Wilhelm Witzgall in Kronach war selbst Floßherr an der Zollschere gewesen.) Das Wasser wurde nicht dauerhaft in den Dienst gezwungen, wie jetzt am Kachlet-Stauwerk oberhalb von Passau, sondern gesammelt und losgelassen, die Floßböden auf dem Rücken, lustvoller im Schwall, aber weniger geordnet als in der Turbine. Heute sind die Flüsse gebändigt. In Hochspannungsleitungen fließt die Kraft, die ihnen gestohlen wurde, in Städte und Fabriken, hilft zu erzeugen, was sie vergiftet.

Als Kind weinte ich oft. Ich erinnere mich daran schwerer als an andere Gefühle. Rasch stieg etwas Unbeherrschbares auf, wallte über, war gestillt, wenn die ersehnten Antworten kamen, sich die Mutter herunterbeugte. Die Bilder kritischer, mißbilligender Erwachsener und (eindrucksvoller) größerer Jungen und Mädchen sind deutlicher als dieses kindliche Weinen. Die Tränen haben, gestaut, heute ihre eigenen Quellen verstopft. Ich will mich nie wieder unterkriegen lassen! Da war ich erst wirklich unterlegen. Die Tränen versiegten. Aber ich konnte auch nicht mehr der Scham und dem Schmerz standhalten und um Hilfe weinen. Ich mied die Gefahr, verhärtete mich, zog mich zurück oder suchte die verwundbare Stelle für den Gegen-, ja Vorbeugungsangriff auf jeden, der sich eine Blöße gab.

So wurde die Unbarmherzigkeit des Wissens zum selbstverständlichen Mittel, mich zu behaupten, eine Waffe, die ich nicht mehr zur Hand nahm, sondern die wie eine Prothese die Hand ersetzte. Ich konnte sie nicht ablegen. Ich nahm sie gar nicht wahr. Ich ging davon aus, daß es nicht nur erlaubt, sondern sogar wertvoll sei, in geistige Blößen zu stoßen, Wissenslücken zu füllen. Ein falsch zugeordnetes Zitat, eine unrichtig benannte Pflanze, das Versäumnis, zwischen echter Gotik und Neugotik zu unterscheiden, ein typisch deutscher Fehler in der Aussprache italienischer Wörter – warum war mir nicht alle Welt dankbar, wenn ich darauf hinwies? In Robert Graves habe ich später einen verwandten Geist gefunden. Ich vergaß nie, mit welchem Spott er einen Schriftsteller verfolgte, der in einem Roman Jesus zwischen Kaktushecken durch Galiläa wandern ließ. Dieses Unwissen, daß Opuntien zwar heute dort üppig gedeihen, aber erst nach der Kolonisation Amerikas eingeführt wurden!

«Schnullbauer» nannten mich Klassenkameraden in Passau, abgekürzt «Schnulli». Es hing mit meiner leicht beleidigten Miene zusammen, den Tränen, der vorgeschobenen Unterlippe. Ich war einer der Jüngsten. Die Ältesten, die eine Klasse wiederholen mußten, waren besonders unbarmherzig. Hansi Bauer gehörte zu ihnen. Er hatte eine hochnäsige Art, mir in den Pausen zu vergelten, was ich ihm während des Unterrichts in aller Unschuld voraus hatte. Ich lernte gern, ich zeigte gern, was ich wußte, ich wurde gern gelobt. Bauer und seinesgleichen waren schon weiter fortgeschritten auf dem Weg, auf den ich mich jetzt von ihnen zwingen ließ. Tränen verrieten eine durchlässige Stelle, ein Leck im Panzer. «Was wollt ihr denn mit dem Schnulli, der kann ja nicht einmal wichsen!» Ich wußte nicht, was Wichsen bedeutete. Ich ahnte dunkel, daß es das war, was ich nur allzugut kannte, worüber ich mich aber herzlich schämte zu sprechen.

Ich glaubte unbesehen, daß meine Tränen zu Recht verachtet wurden. So setzte sich eine Kraft durch, die stärker war als meine bewußte Absicht, nicht zu weinen. Ich konnte es einfach nicht mehr, auch wenn ich gewollt hätte.

Aber ich wollte es nicht mehr. Was mir aufgezwungen war, hielt ich für meine freie Wahl. Binnen kurzem fühlte ich mich dem Mitschüler, der nach einer schmerzhaften Prügelei oder beim Tadel eines Lehrers in Tränen ausbrach, genau so überlegen wie eben noch die Kameraden dem «Schnullbauer». Der Name verschwand.

Einige Jahre nach dem Umzug von Passau an den Starnberger See starb der Opa an dem Prostataleiden, das ihn die letzten Jahre immer wieder geplagt hatte. Ich blieb ganz sachlich. Der Kontakt war fast abgerissen. Statt nach Deindorf waren wir in den Sommerferien nach Ravenna und Genua gefahren, hatten am Lago Maggiore unsere Zelte aufgeschlagen. Deindorf war langweilig, Seibersdorf und Untertürken mit dem Moped in lächerliche Nähe gerückt, der Inn zu kalt zum Baden, kein Vergleich mit dem Starnberger See.

Ein halbes Jahr nach dem Opa starb die Oma, an einer Lungenembolie, hieß es, die einer Blinddarmoperation folgte. Sonst hatten doch nur Kinder eine Blinddarmentzündung! Wenn ich jetzt, dem Tod ein Stück näher, an die Deindorfer Oma denke, spüre ich die Trauer und den Verlust deutlicher als damals. Ich war auf keinem Begräbnis. Meine frisch gewonnene, von der Mutter kaum getadelte Überheblichkeit ließ mich die kindischen Riten der Alten verachten. Wer starb, war vergessen. Das alte Haus in Deindorf wurde verkauft, samt dem klaren Brunnenwasser, dem schattenspendenden Apfelbaum im Hof, den Rührbroten, Teestunden, Kiacheln und Krapfen, der Mostpresse, dem Kracherl, den vier Kühen, der Heiligenlegende und dem Frontkämpferbuch auf dem Dachboden. Jeder von «den Buben» – das waren mein Bruder und ich – bekam auf einem Sparbuch 5000 Mark. Den Löwenanteil steckte der Onkel Franz ein, sagte die Mutter. Seine Frau hatte den Opa gepflegt, man wußte warum.

«Die Sperre» bezieht sich nicht nur aufs Weinen, sondern auch auf eine Krankheit, die, der Tränenlosigkeit ähnlich, darin bestand, daß ich mich zu gut zusammennehmen und zurückhalten konnte. Der Zusammenhang zwischen ihr und dem Verlust meines Großvaters scheint zufällig und doch bedenkenswert. Er war der Vater meines Vaters, durch das Band der Zeugung mit mir verknüpft, untrennbar, wenn auch fremd und widerspenstig. Mit dem fast sprachlosen Deindorfer Opa verband mich eine sinnlichere Beziehung als mit dem Landgerichtsdirektor i. R. in Passau. Er dengelte und mähte, schirrte die Kühe mit dem Kummet an den Wagen, molk und ackerte. Er brunzte, der schimpfenden Oma zum Trotz, in den Wetzkumpf und trug eine Hahnenfeder im Bund des Sonntagshutes, den er an das in die Kirchbank gespießte Taschenmesser hängte.

Irgendwann hatte die Mutter erzählt, der Opa sei so krank gewesen mit seiner Prostata, daß der Doktor aus Tann kommen und ihn katheterisieren mußte. «Was ist das, katheterisieren?» Die Mutter gab Auskunft. Wie immer, wenn es um solche Einzelheiten ging, schien sie mir ungeduldig und widerwillig. «Der Katheter ist ein feines Röhrchen. Das schiebt der Doktor dann die ganze Harnröhre hoch, daß es wieder fließt, bevor die Blase platzt, du weißt schon.» Ich stellte mir das alles vor, immer wieder, mit sämtlichen Einzelheiten.

Wann ich zum ersten Mal bemerkte, daß ich nicht mehr wie früher jederzeit und überall dem Wasserstrahl freien Lauf lassen konnte, weiß ich nicht. Es war sicher nach der Trennung von Passau. Ich hatte jetzt endlich ein eigenes Zimmer, ich konnte abends lesen, solange ich wollte, und mußte nicht mit der Taschenlampe unter die Bettdecke kriechen, durch des Bruders nörgelnde Bemerkungen gezwungen, alle Luftlöcher meiner Höhle zu verschließen. Ich hatte ein Moped, war Herr über das Geld für meine Kleider.

Plötzlich war die Unbekümmertheit verschwunden, in der ich früher, damit keiner warten mußte, mit dem Bruder gleichzeitig in die harnsteingebräunte Kloschüssel bieselte, wo sich unsere Strahlen wie die Klingen zweier Fechter kreuzten. Jetzt ging jeder alleine ins Bad und schloß die Tür ab. Selbst das genügte mir nicht mehr. Meldete sich der Harndrang, war es gleichzeitig so, als würde alle Wachsamkeit nach außen geschärft, jede Zinne mit einem Posten bemannt. Ehe nicht überall Ruhe war, von nirgends her auch nur der Schatten einer Gefahr drohte, durfte auch kein Tropfen fließen. Einmal irrte ich stundenlang mit schmerzhaft gefüllter Blase durch den Wald am Seeufer. Überall fühlte ich mich verfolgt und beobachtet, nie fand ich einen wirklich sicheren Platz. Die Bäume waren zu dünn, das Bachbett, in dem ich mich verkroch, zu wenig tief, das Dikkicht zu durchsichtig.

Allmählich lernte ich die Gefahren zu erkennen und, so gut es gehen mochte, zu vermeiden. So war es wichtig, als letzter in das Bad zu gehen, wenn Bruder und Mutter unten schon mit dem Frühstück beschäftigt waren. Geräusche mußten fern und vertraut sein. Auf gar keinen Fall durfte jemand kommen und probieren, ob die Türe verschlossen sei: Das warf mich zurück, verkrampfte meine Bemühungen, zwang mich dazu, meine Festung zu verlassen, ihm den Vortritt zu geben, denn ich ertrug die Vorstellung nicht, dort draußen sei jemand, der auf das Gelingen meiner Entleerung warte. Nichts durfte dafür sprechen, daß irgendwo ein Zuhörer, ein Beobachter hätte sein können. Das Klo mußte wirklich meines sein, wobei meine Ansprüche die üblichen weit überstiegen. Das war sehr lästig. Öffentliche Bedürfnisanstalten schieden vollständig aus. Wie ein Stratege mußte ich Stadtbesuche planen und mich an den Klomöglichkeiten orientieren wie ein Beduine auf einer Wüstenreise an den Oasen.

Ich konnte mein Wasser nur lassen, wenn ich die ganze Toilette für mich allein hatte, gleichgültig, wie groß sie war. Ich lauschte angespannt, ob aus den anderen Kabinen ein verräterisches Geräusch kam. Die frei sichtbaren Urinale waren ein Greuel. Es hätte jederzeit jemand kommen und mich überraschen können. Ich vermochte nichts, um meine Lage zu verbessern. Jede allzu ausdrückliche Anstrengung verschlimmerte die Blockade. Am besten war es, wenn ich völlige Ruhe hatte, nichts und niemand auf mich wartete, ich an etwas Neutrales dachte, ein Buch, das ich lesen wollte, einen Besuch, den ich plante. Dann lockerte sich der Krampf. Wenn jetzt keine Störung von außen oder von innen kam, durfte es gelingen.

Ich rätselte viel an dieser Sperre. Sie wurde zum Lehrstück über die Ohnmacht der Erklärungen, die ich in medizinischen, psychologischen und psychoanalytischen Lehrbüchern suchte. Oft schämte ich mich sehr, wenn ich geschlagen aus einer Toilette zurückkam. Es war wieder nicht gegangen! Ich mußte es wieder probieren. Wenn Zeugen da waren, würden sie sich wundern. Das war peinlich, verkrampfte auch den nächsten Versuch. Ich übte Yoga, an dem mich die angeblich erreichbare Kontrolle über sonst spontan ablaufende Körpervorgänge fesselte. Bald gab ich wieder auf, als sich kein Erfolg einstellte. Aber so kam ich um das Sportabitur herum. Durch mein Yoga-Sitzen hatte ich mir eine schmerzhafte Sehnenzerrung in der Leiste zugezogen. So bekam ich ein ärztliches Attest und fotografierte, vom Sport befreit, mit der alten Leica meines Vaters die schwitzenden, strampelnden, springenden Klassenkameraden.

Es erbitterte mich, daß sich eine solche scheinbare Kleinigkeit der Macht meiner Absicht, meines bewußten Willens entzog. Ich war entzückt von der frisch gewonnenen Fähigkeit, über mich nachzudenken, schaute auf die Jahre der Kindheit herab wie auf eine prähistorische Epoche. *Mein* Leben hatte doch erst jetzt begonnen. Da zeigte der Panzer schon eine Schwachstelle! Manchmal sah ich mich schwer behindert. Was war, wenn ich hilflos in ein Krankenhaus kam? Wenn ich im Angesicht einer Krankenschwester in eines dieser Porzellangefäße mit dem schräg angesetzten Hals machen sollte? Wenn es dann wirklich nicht ging – kam dann der Katheter? Wie man ihn einführte, hatte ich im Lehrbuch der Urologie nachgelesen, mich über die Gefahren genau unterrichtet, die falschen Wege, die Blaseninfektion. Die Urinprobe bei der Musterung – unmöglich! (Ich bettelte meinen Nebenmann an, murmelte etwas von «hab grade gepinkelt» und ließ mir meinen Pappbecher von ihm füllen.)

Es fiel mir nicht ein, mit irgend jemandem über die Sperre zu reden. Das Peinliche mußte verborgen bleiben, dann war es fast so gut wie nicht da. Sie hinderte mich, meine gewohnte Umgebung zu verlassen. Die Abiturklasse sollte nach Berlin fahren. Immer mit anderen zusammen, Gemeinschaftstoiletten! Ich blieb zu Hause. In den Filmen der fünfziger Jahre erkannte man Süchtige daran, daß sie verkrampft und nervös vor dem Klo warteten, das sie dann entspannt und heiter verließen. Sie kamen mir wie Geschwister vor und schienen doch noch mehr Herren ihres Schicksals zu sein als ich, dessen Erlösung vom Zufall abhing – von einem Geräusch nebenan, von der Phantasie, daß jemand darauf wartete, daß ich endlich fertig wurde. Es gab günstige und ungünstige Situationen, förderliche Gedanken und lähmende. Ich versuchte, den Atem anzuhalten oder mehrstellige Zahlen im Kopf zu multiplizieren. Aber nichts half zuverlässig und unter allen Umständen. Ich war ausgeliefert. Was ich mit meinem Willen steuerte, half nur, mich zu beherrschen, nicht, mich zu lösen. Zu versiegen konnte ich befehlen, nicht aber zu fließen. Eine fremde, launische

Macht entschied darüber. Sie gehorchte anderen Menschen mehr als mir. Jeder Tölpel, der in die Herrentoilette kam, war stärker als mein geschätzter Verstand. Wie sehr beneidete ich ihn um seine Fähigkeit, willentlich fließen zu lassen, was ich durch sein Auftreten schamhaft zurückhalten mußte! Hätte ein Chirurg versprochen, mir einen elektrischen Schalter für diesen widerspenstigen Schließmuskel einzubauen, ich wäre einverstanden gewesen.

Hamlet

Obs edler im Gemüt / Die Pfeil und Schleudern / Des wütenden Geschicks / Erdulden oder / In Widerstand sie enden...» Wenn ein Kind sterben will, möchte es einen Schmerz vermeiden, der es unmittelbar bedroht. «I mog nimma leben», schrie ich und verkroch mich unter dem Bett, weil mich die Frau Doktor mit der Spritze stechen wollte. Wer über Sein und Nichtsein grübelt, ist kein Kind mehr. Er kann mehr aufbieten gegen die Wunden, die das Schicksal schlägt – und weniger. Die neu gewonnene Fähigkeit, hinter den einzelnen Wurfgeschossen ein Schicksal wirken zu sehen, das eigene Leben als Sein zusammenzufassen und dem Nichtsein gegenüberzustellen, bedrohte mich.

Wenn ich als Kind ein Furunkel ausdrückte oder die wohlige Wärme der Schlammbäder gegen das schneidend kalte Gebirgswasser des Inn setzte, folgte ich keinem Plan, der über den sinnlichen Gewinn des Augenblicks hinausging. Ich wollte mich nicht verändern, sondern eine Situation auskosten. Ich bedeutete mir nichts, weil ich mir alles war. Jetzt suchte ich nach mir, nach meinem Sinn, meiner Gestalt, unverwechselbar in der Welt. Die Ereignisse hafteten länger. Ich wollte, daß sie Spuren hinterließen. Haben die Riten, in denen unsere Vorfahren durch Tätowierung, Narbenmuster, Beschneidung, Zahnausschlagen die Verwandlungen der Pubertät ergänzen, diesen Sinn? Die Welt, in der ich lebte, bot keine Verbindlichkeit. Ich war auf mich angewiesen, auf das, was ich sah, las, hörte. Ich war frei, zu wählen, was mir gefiel, abzuweisen, womit ich nichts anfangen konnte. Die Suche nach mir, nach meinem wirklichen, verbindlichen Selbst, nach etwas, das blieb und nicht von Situation zu Situation unberechenbar neue Gestalt annahm, konzentrierte wie ein Hohlspiegel meine Gedanken.

Im Märchen gibt die Prinzessin dem Helden ein Knäuel, um den Faden abzuwickeln, der ihn aus dem Labyrinth wieder herausführt. Hänsel steckt sich die Tasche voller Kieselsteine, die er im Wald, einen nach dem anderen, fallen läßt: So kann er sich wieder zurückbringen zu Eltern, die ihn nicht wollen, die aber sein einziges Zuhause sind. Wie sollte ich Zeichen setzen, Orientierung gewinnen? Der Direktor des Gymnasiums in Weilheim mietete ein Kino, um allen Schülern den Hamlet-Film mit Laurence Olivier in der Hauptrolle zugänglich zu machen. Ich war von dieser Gestalt angezogen wie von einem Licht in der Dunkelheit. Hamlet in seiner Unentschiedenheit, seiner Unsicherheit, seinem Trübsinn war ICH. «So macht Gewissen Feige aus uns allen!» Mußte «conscience» nicht eher mit «Bewußtsein» übersetzt werden? Ich fühlte mich ihm sogar ein wenig überlegen. Ich hätte nicht so lange gezögert, mich nicht so leicht von diesem König-Onkel betrügen lassen! Aber wie dieser Hamlet des Laurence Olivier blickte, wie er sich bewegte, wie er focht, mit dem Degen verschmolzen, wie er sprach! Als ich heimkam, wollte ich so sein wie er. Im Morgengrauen sollte nicht alles vorbei sein!

Hamlet hatte blonde Haare, die in seine hohe, gewölbte Stirn gekämmt und dort gerade abgeschnitten waren. Über den Ohren liefen zwei dicke Strähnen zum Hinterhaupt. Ich stand mit der Schere in der Hand vor dem Garderobenspiegel und setzte zu einem Schnitt an. Das war's! So konnte ich mir selbst und allen anderen beweisen, wie ich Hamlet in mich aufgenommen hatte. Ich wollte zu keinem Friseur mehr gehen. Ich hatte es selbst in der Hand, so auszusehen wie der dänische Prinz. Und wenn es die anderen nicht sahen, ich sah es, ich wußte es.

Ich beschränkte mich darauf, die Stirnhaare abzuschneiden, wo ich den besten Überblick hatte. Allerdings wollten sich die eindrucksvollen Fransen nicht einstellen. Um meine Stirn («Du hast eine schöne Stirn, Wolfi», hatte die Mutter einmal gesagt) zur Geltung zu bringen, hatte ich den Schnitt kurz unterhalb der Haargrenze angesetzt. Nun standen die Stoppeln wie eine Flaschenbürste. Hamlet kann Geheimnisse bewahren. So ertrug ich es, daß niemand am nächsten Tag die wahre Bedeutung meines veränderten Aussehens erkannte, lächelte gekränkt und überlegen, als sich die Mutter erkundigte, ob Mäuse an mir genagt hätten, die Lehrer mir erstaunte Blicke zuwarfen und die Schulkameraden fragten, welcher Friseur um Himmels willen mich so zugerichtet habe.

Der einzige, der mit seinem Werk zufrieden (oder doch wenigstens nicht völlig unzufrieden) war, blieb ich selbst. «Sich wappnend gegen eine See von Plagen / In Widerstand sie enden!» Ich hatte nie gemocht, wie mich die Friseure zurichteten. Ich kam mir immer nackt, beschnitten, geschoren vor, wie ein Schaf, dem man die Wolle genommen hat. Das konnte ich selbst gerade so gut. Einmal ging ich noch zum Haareschneiden. Der Geselle fragte sich laut, wer da wohl am Werk gewesen sei. Ich beschloß, solche Anpassungsversuche zukünftig einzustellen. Wenn ich darüber mit anderen sprach, erwähnte ich Hamlet nie. Eher bemerkte ich, es sei die überflüssigste Ausgabe der Welt, sein Geld zum Friseur zu tragen. Es waren meine Haare. Sie gehörten mir. Ich konnte mit ihnen tun, was ich wollte, und ich wollte sie anders. Sie sollten mir helfen, dieses Anderswollen, Anderssein zu bekräftigen, sollten mich unaufhörlich, unverlierbar daran erinnern. Wenn ich in den Spiegel schaute (und das tat ich oft, nicht ohne Furcht, jemand könne mich dabei ertappen), sah ich jemand, der ich nicht sein wollte, weder besonders groß noch besonders kräftig, noch besonders schön. Der Spiegel war kalt, gnadenlos. Er kühlte die Phantasie ab, ließ nur Einzelheiten gelten, ebenmäßige Zähne, einen ernsten, tiefen, verschleierten Blick. Besser gefiel ich mir, wenn ich mich nicht selbst sah, aber mir vorstellte, wie mich andere betrachteten, vor allem, wenn ich einen Ausgangspunkt hatte, einen Kristallisationskern für meine Eitelkeit.

Hamlet hatte seinen letzten Kampf in engen Hosen, mit weitem weißem Hemd ausgefochten. Am Sonntag zog ich meine ersten selbstgekauften Jeans an, Marke Mustang, 19,80 DM, spitze Schuhe aus genarbtem Leder, ein hellblaues Hemd. (Weiße Hemden waren der Mutter nicht praktisch genug.) Dann stieg ich aufs Rad, fuhr zum See, das Ufer entlang. Manchmal, wie aus den Augenwinkeln, sah ich mich so, wie ich sein sollte. Ich verliebte mich für Minuten in meinen Knöchel, meinen Gürtel, mein Handgelenk in den lässig gekrempelten Ärmeln. Passau war bedrohlich und faszinierend, unüberschaubar, sobald ich die wenigen, vertrauten Wege verließ. Straßen, von Springkraut und Brennessel umstandene Treppen bauten sich vor mir auf und verschwanden hinter mir wie die Stege ins Utwunderland.

In Feldafing bewegte ich mich wie auf einer Bühne. Ich sah mich kommen und gehen. Meistens blieb ich der einzige Zuschauer, aber ich sah die Kulisse, sah meinen Auftritt klar vor mir. Ich suchte meine Szene, suchte mich in dieser Szene. Oft hatte ich gar keine Mitspieler. Ich war allein, ich setzte mich erst aus einzelnen Teilen zusammen, die ich verzückt anschaute, ohne daß es jemand merken durfte. Eine ganze Deutschstunde lang war ich gefesselt von einem blauen Kreppsocken, den ich an diesem Tag trug. Dieser

Socken war einfach richtig. So sollte alles sein. An diesen Einzelheiten hing mein Gefühl, während die Arbeit in der Schule, die Gespräche mit den Banknachbarn, die hochtrabenden Fragen des Literatur- und Religionsunterrichts blaß und schattenhaft blieben.

«Der große Alexander / tot und Lehm geworden / stopft jetzt den Kachelofen / einer alten Frau im Norden.» Ein englischer Theaterdichter, der einen Stoff aus der Wikingerzeit bearbeitet. Ein Schauspieler, berühmt dafür, wie er sich in die Rollen verwandeln kann, die er darstellt. In welchen Welten suchte ich Zuflucht, um in mir, in dem Haus «mit Siedlungscharakter» zurechtzukommen? Geschichten als Spielmaterial, aus dem ich mich selbst baute, wie Kinder eine Sandburg. Bilder aus Büchern, Filmen, Museen zerrannen mir zwischen den Fingern. Was ich aus ihnen schuf, machte die nächste Flut wieder dem Boden gleich. Hamlet, Faust, Richard III., Narziß und Goldmund, Hanno Buddenbrook, Joseph Knecht. Sie umgaben mich wie ratlose Ärzte das Bett eines Kranken. Dreizehn Englein um mich stehn. Ich konnte mich für keinen entscheiden, konnte keinen festhalten. Es erging mir wie dem Angler der Witzzeichnungen, der einen zerrissenen Stiefel aus dem Wasser fischt.

Es gab keine Männer in dieser Welt, mit denen ich sprechen konnte. Ich hörte nur zu, beobachtete, verteidigte Hermann Hesse, den ich liebte, gegen Thomas Mann, den meine Mutter weit höher schätzte. Mein Vater war tot, die Großväter hüllten sich in tatkräftiges (der Deindorfer Opa) oder taten- und kraftloses Schweigen (der gebildete Passauer Opa mit seinen sechstausend Bänden Klassiker). An ihre Stelle traten Fetische. Das Wort haben Guineafahrer mitgebracht. Es hängt mit einem portugiesischen Wort für Zauber (feitiço) und einem lateinischen für «künstlich gemacht» (facticius) zusammen. Der Fetisch hat Macht, zu nützen und zu schaden: Er ist ein Gegenstand, zu dem wir Gefühlsbeziehungen aufnehmen, die stärker sein dürfen als das Urteil der flachen Vernunft. Während der liebe Gott weit weg in seiner unveränderlichen Allmacht sitzt und den Menschen die Erde zum Kaputtmachen überlassen hat, sind Fetische heute mächtig, morgen kraftlos. Sie inspirieren den Besitzer. «Die Menschen dieser Stufe denken sich noch alle Dinge der Außenwelt, organische wie unorganische, als erfüllt von einem Leben, das im wesentlichen ihrem eigenen analog, also persönlich, und nur mächtiger zu denken ist.» So spricht mein altes Lexikon. «Je nachdem sie nun wahrzunehmen glauben, daß ein äußerer Gegenstand ihnen besonders nützt oder schadet, glauben sie, daß ein großer und mächtiger Geist darin wirksam ist oder auf ihre Einladungen hin Platz genommen hat, und erweisen ihm ihre Verehrung. Finden sie jedoch, daß der Fetisch nicht der von ihm gehegten Erwartung entspricht, so geben sie ihn zugunsten eines stärkeren Fetischs wieder auf. Daher gibt es eine ganz unbestimmte Menge von Fetischen, und mancher Wilde besitzt deren Scharen, die er und seine Vorfahren gesammelt, von denen jeder irgend einen Dienst geleistet haben soll, und denen allen er seine Verehrung bezeigt.»

Dann waren doch die Bücher Fetische – «Mancher Gebildete besitzt deren Scharen, die er und seine Vorfahren gesammelt, von denen jedes irgend einen Dienst geleistet haben soll, und denen allen er seine Verehrung bezeigt!»

«Die Fetische sind in der Regel nicht solche Gegenstände, welche durch Schönheit oder Größe auffallen, sondern oft die unscheinbarsten Kleinigkeiten, wie mit Garn umwundene Nägel, rote Papageienfedern, Menschenhaare, ein Topf mit Erde, in dem eine Hahnenfeder steckt.» Oder eine blaue Socke, ein Schuh mit Kreppsohle, ein Kernledergürtel mit Messingschnalle, Mustang-Jeans, ein Schlauchschal?

«Dem eigentlichen Fetischismus nahe verwandt ist die

Verehrung von Tieren und Pflanzen, deren schädliche oder nützliche Wirkung der Naturmensch höheren sie beherrschenden und bewohnenden Geistern zuschreibt, welche die Neger Wongs nennen. Bei den nordamerikanischen Indianern wählt sich jeder ein während der Pubertätszeremonien ihm im Traume erscheinendes Tier als Fetisch oder Totem, welches er hinfort niemals töten oder verspeisen darf.» *

Wenn die Welt in Trümmern liegt, gibt es schier unerschöpflich viel Baumaterial. Die Sandkörner, in denen die Kinder an den Küsten der Ozeane spielen, sind zermahlene Steine. Ohne Kies und Split, ohne die Bruchstücke der festen Krusten dieses Planeten, einst aus flüssigem Feuer, kann nichts neu gebaut werden. Auf unverwittertem Urgestein wächst nicht einmal ein Baum für den Dachstuhl, ein Strohhalm für das Dach. Die Welt meiner Pubertät lag in Trümmern. Und wunderbar schnell wurde sie neu auf gebaut. Die lebendigen Fetische meiner Kindheit, die Kanarienvögel, Guppies, der Uhu als Totemtier waren verschwunden. Was ersetzte sie? Kümmerliche Ausrüstungen, gemessen am gegenwärtigen Stand der Ladenstraßen, Einkaufszentren, der Stereoanlagen, Motorräder, modischen Klamotten. Vicky, die ersten Jeans, die erste, selbst entworfene Frisur. Auch das Moped mußte ein wenig verändert werden, um ganz meines zu sein, nicht mehr Dutzendware. Was soll ein Fetisch für alle! Ich will einen für mich ganz allein. Die Dome blieben, in denen der allmächtige, allwissende, allgütige Fetisch angebetet wurde. Aber in den Vorstädten, an den Hauptstraßen wurden neue Kirchen gebaut, häßlicher, gewiß: aber die Religion, die sie boten, durfte

* Zitat nach Meyers Konversations-Lexikon, 5. Auflage, 6. Bd., Leipzig und Wien 1897, S. 360

man anfassen. Da waren noch wirkliche Entscheidungen gefordert, man konnte den Teufel kichern hören, der überteuerten Schund an Mann oder Frau gebracht hatte. Fischwässer, Jagdgründe. Rechtzeitig zuschlagen. Nie wieder so ein günstiges Angebot!

Ein Moped, und du bist der König! Ein Auto, und du bist der liebe Gott. Alle Frauen werden nur darauf warten, von dir mitgenommen zu werden. «Dann sind wir mit dem Wagen von seinem Vater in die Ingolstädter Straße gefahren, wo die Huren stehen. Tolles Auto, haben die gedacht. Und schon sind sie angekommen, scharenweise. Und kurz bevor sie da waren, hat der Rudi Gas gegeben und ist weg. Die haben vielleicht geschimpft!»

Solche Geschichten wurden auf dem Schulhof erzählt. Die Frauen lieben das Auto, nicht mich. Deshalb muß ich davon, ehe sie an mich herankommen.

Die Frauen, die Huren: Beide gehörten einer Welt an, die mir Scheu einflößte und die mich gleichzeitig unwiderstehlich anzog. Ich sah keinen Wert in meiner Unschuld, sondern einen Minusposten, eine Schuld dem Leben gegenüber, das mit seiner dunklen Wirklichkeit draußen auf mich wartete, wie die Nacht auf den Kinogänger. Ich war der Kulturprogramme, der Vorfilme mit dem Prädikat «Besonders wertvoll», der Wochenschauen müde. Ich wollte, daß der Löwe brüllte und mein Abenteuer begann.

Käufliche Liebe

Ich wollte es wissen! Ich mußte es tun. Die Schale sprengen, die Schleier zerreißen, diese Unschuld und Unerfahrenheit beseitigen, die mir der Beichtspiegel als hohen Wert hatte verkaufen wollen. Noch einmal, ähnlich wie bei der Selbstbefriedigung, ließen mich die Bücher im Stich. Welch ein Betrug, glauben zu machen, in einem uralten, schwer lesbaren Folianten sei der Zauberspruch zu finden, der Schätze herbeischafft, in meinem Fall eine Frau, willig, mich einzuweihen. Hatten nicht tugendhafte Menschen gebetet, um Tannhäuser vor dem Venusberg zu bewahren? Wenn ich noch an den Erfolg von Gebeten geglaubt hätte: Mein Flehen wäre gewesen, endlich den Eingang zu finden.

Vor allem schämte ich mich. Nicht, ein Buch zu lesen, was immer darin stehen mochte. Aber mit einem Menschen über das zu sprechen, was ich suchte. Ich wollte etwas kennenlernen, was man anscheinend schon wissen mußte, wenn man ein Buch wie «Geschlecht und Liebe» verstehen wollte, in dem ein damals für fortschrittlich geltender Autor über das Sexualleben plauderte. Da war von einer Frau die Rede, die «es» jeden Tag mehrmals von ihrem Mann wollte – auch wenn er müde von der Arbeit nach Hause kam. Ich war mit dem Autor angewidert und entsetzt. Noch lieber aber hätte ich erfahren, was denn «es» eigentlich war. Ich fühlte mich wie ein Küchenjunge, der mehrgängige Menüs zubereiten soll, bevor er zum ersten Mal eine Kartoffel geschält oder ein Ei in die Pfanne geschlagen hat.

Mit glühendem Kopf, in einen Winkel der Bücherei verkrochen, las ich; nach Hause nehmen durfte ich solche Lektüre nicht. Ich wollte allen Fragen aus dem Weg gehen. Später haben wir uns über den Homo schmeil lustig gemacht, das Menschenbild des damals verbreiteten Biologielehrbuchs, ein Mann (oder eine Frau?) ohne Geschlechtsteile. Aber diese gewissermaßen cherubinische, der Fortpflanzung enthobene Erscheinung bin ich gewesen.

Wie ich Schuld loswerden konnte, das wußte ich: Beichte, Reue, Buße, Ablaß. Schnee von gestern. Wie sollte ich nur diese quälende Unschuld loswerden, diese Reinheit, die ich so gern befleckt hätte? Überfüttert mit Geschichte, mit Daten und Fakten, Wörtern und der Grammatik toter Sprachen, war mir mein Körper fremd in seinem Bezug zu anderen Körpern. Die Selbstbefriedigung, die einsam bleiben durfte und deshalb auch schamlos, konnte die Silberschicht des Spiegels nicht durchdringen. Und doch sehnte ich mich nach etwas, für das ich keinen anderen Namen fand als Liebe, keinen anderen Begriff als die sexuelle Vereinigung. Natürlich wußte ich, daß es dabei um Gefühle ging. Auf eine Frage hin (die mir keiner stellte, die mich beschämt und verwirrt hätte) wäre dies meine Antwort gewesen. Aber es war ein Wissen, das nichts nützte. Es waren Gefühle, die keinen Entwurf für irgendeine Tat enthielten. Ich wollte, ich mußte «es» tun, ich mußte einen Weg finden. So reifte der Plan, in die Großstadt zu fahren und nicht eher zurückzukommen, bis ich gefunden hatte, was ich suchte. Ich war bereit, dafür zu bezahlen.

Ich fand mein Unterfangen gierig und würdelos. Aber ich hatte nichts zu verlieren, was nicht schon preisgegeben war. «Es» nicht zu tun, nicht einmal zu versuchen, hätte ich nur noch als Feigheit verstanden, nicht als den Stolz, lieber gar keinen Splitter vom Diamantberg der Liebe abzuschlagen als einen derart unreinen und unvollkommenen. Das war meine Lehre aus der Begegnung mit dem Tod des Vaters, der mit Krieg und dem Bild der atomaren Wüste von Hiroschima verschmolz, in dem sich meine eigenen Erinnerungen an Bombenangriffe und Ruinen wiederholten. Ich konnte mich auf die Zukunft nicht verlassen. Ich wurde von der Vergangenheit nicht satt. Atombombe, gezeugt, als ich gezeugt wurde, erprobt, kurz nachdem mein Vater starb, zur Wasserstoffbombe erweitert, als ich eingeschult wurde, Realität der Apokalypse, neben der sich Tod und Teufel des Jüngsten Gerichts wie Kasperlfiguren ausnehmen.

Die Mutter konnte für Kinder sorgen, nicht für Männer. Die hehren Werte und die Wirklichkeit paßten nicht zusammen. Wie ein schlechter Tänzer, nie im Takt, der noch weiterhopst, wenn die Musik schon lange schweigt, so war alles in seinem Gang geblieben, obwohl nichts mehr galt, was einmal gegolten hatte. Ich wußte es nicht, aber ich spürte es genau. Die frommen Worte waren nicht besser als die Parolen der Nazis. Die Passauer klopften seit 1945 mit derselben Überzeugung schwarze Sprüche, wie sie seit 1933 braune nachgesagt hatten. Ich wollte mich mit dem verzweifelten Zustand der Welt nicht abfinden. Daß der Mensch auf sich selbst zurückgeworfen ist, die irgendwo aufgeschnappte existentialistische Phrase, beschäftigte mich immer wieder.

Sie stopften uns im Gymnasium mit großen Gestalten und erhabenen Gedanken voll. Nichts davon war stark genug gewesen, das Unheil zu verhindern, und wozu, bitte sehr, nützte es dann überhaupt? Staats-, Wert-, Ideal-, Große-Worte-Verdrossenheit. Skepsis und Zweifel sind zu hochtrabende Worte dafür. Gewiß, der Zweifel wäre nützlich gewesen. Aber wo war er denn, als es not tat? Welch fromme Lüge, vom Erhabenen zum Lächerlichen sei es nur ein kleiner Schritt! Das Erhabene ist lächerlich. Vergessen wir's! Vielleicht kann man sich seitwärts durchschlagen. Make love, not war! Die Parole kam nicht aus der Lust, sondern aus der Verzweiflung. Es gab nichts, wofür man kämpfen konnte, nur den sich selbst nicht bewußten, unklaren Protest gegen eine Welt, die keine Zukunft versprach, keine Sicherheit, ob es sich lohnte, in ihr aufzuwachsen.

Wenn die Frage «Lohnt es sich?» gestellt wird, kann keine Antwort den Zustand vor dieser Frage wieder herstellen. Der Krieg enthält eine viel größere Hoffnung als die Liebe. Diese Hoffnung war endgültig zerstört. Es gab nichts mehr, wofür ich sterben oder töten wollte. So griff ich mit verdoppelter Gier nach dem Leben, nach der Liebe, mit einer Gier, die mir Angst einflößte. Der Dürstende faßt nach dem erlösenden Becher. Und weil er nur daran denkt, endlich zu trinken, übersieht er, daß der Becher aus Papier ist, zerquetscht ihn zwischen den Fingern, das Wasser rinnt über seine Hand.

Es gab viel zu viele Dinge, die zu erreichen bedeutungslos war, während sie zu verfehlen mir Panik einflößte. Schularbeiten, das Abitur. Ich hatte die Reifeprüfung bestanden, mit Noten, die keine besondere Begabung ausdrückten, sondern nur meine Sorge, einen Sicherheitsspielraum zwischen mir und dem Versagen auszubauen. (Im Herbst desselben Jahres rätselten die Psychologen des Münchner Instituts, die eine Eignungsprüfung für die Studienbewerber durchführten, wo denn meine speziellen Fähigkeiten lägen. Ich konnte sie nur mit der nachweislichen Abwesenheit gravierender intellektueller Mängel bedienen: Deutsch – gut, Mathematik – gut, Griechisch – gut, Physik – gut, Latein – gut, Biologie – sehr gut, Turnen – befriedigend...)

Wieder einmal war eine Schwelle überwunden und nichts darüber hinaus gewonnen. Neue Hürden bauten sich auf, das Studium, der Beruf. Und «es» harrte der Entschleierung. Ich steckte alles Geld ein, das ich durch Nachhilfestunden verdient hatte, nahm den Hausschlüssel mit, es wird spät, ich gehe ins Kino. Es war eine warme Sommernacht, ich trug Jeans und einen weißen Pullover mit V-Ausschnitt. Ich wußte nicht, wo ich «es» finden sollte. Aber ich beschloß, bis zum Morgengrauen zu suchen. Anfangs, um den Schein einer vertrauten Situation herzustellen, lief ich zu den Sehenswürdigkeiten, dem Liebfrauendom, dessen welsche Hauben die Dunkelheit verschluckte. Die Tore waren verschlossen. Ich sah die Löwen vor der Residenz, die Ludwigstraße, das Siegestor. Ich fand nichts, was auf «es» hinwies. Ich hatte die ganze Zeit geahnt, daß ich in der falschen Gegend suchte, aber versäumt, mir meinen Irrtum klarzumachen. Ich mußte zurück zum Bahnhof, diesmal in südliche Richtung. Goethe- und Schillerstraße, waren das die Namen? Es dauerte lange, bis ich mich dazu durchringen konnte, in eine der Kneipen mit dem roten Licht und der lauten Musik zu gehen. Drinnen war es schummrig, die Luft zum Schneiden, niemand kümmerte sich um mich. Die mürrische Bedienung verlangte für ein Bier fünf Mark. Als ich mich in eine Nische setzte, kam ein kleiner, ältlicher Mann, drückte sich neben mich, griff nach meinem Oberschenkel. Ich rutschte weg, er nach, bis wir um den Tisch herum waren und ich, ohne ein Wort, ohne mein Bier auszutrinken, floh. Ich bemühte mich, geschäftsmäßig, ganz normal, hinauszugehen, als hätte ich mich im Lokal geirrt, was wohl auch der Fall war, wenn eine so unbestimmte Suche wie die meine überhaupt irren kann.

So trieb ich weiter. Ich allein schien nicht zu wissen, was man tun mußte, um in dieser schlaflosen Welt zu bestehen, zu finden, zu entscheiden. Ich kam bis in die Lindwurmstraße und wieder die Sonnenstraße herauf, weiß noch, wie ich aus scheuem Abstand das Gezänk einiger junger Männer mit einer Frau von der Sorte verfolgte, die ich suchte – oder war sie es nicht? Sie keifte die Haberer an, solche und bessere könne sie jeden Tag wegschmeißen, für heute sei Schluß, Punktum. Sie paßte gar nicht zu meinem Bild bezahlter Verführung. Es kümmerte mich wenig. Ich war ohnehin auf alles gefaßt. Ich war so verwirrt, daß es kaum schlimmer kommen konnte. Der Zug nach Mitternacht, der Lumpensammler, war längst abgefahren. Ich mußte bis zum Frühzug warten.

Dicht an der Nordseite des Hauptbahnhofs steht eines der wenigen Hochhäuser Münchens, das Hotel Deutscher Kaiser. In seinem Schatten, an einer kleinen Straße zwischen Ruinengrundstücken, fand ich endlich, was ich suchte. Hier war es dunkel und einsam; sie war schwarz gekleidet und trug einen Hut, der ihr Gesicht verbarg, weiß und rot und alt, ich sah nicht genau und wollte nichts genau sehen. Ich ging auf sie zu. «Was kostet es?» fragte ich. «Zehn Mark», sagte sie. «Komm mit!»

Sie ging mit mir die Straße entlang. Wir bogen in ein Gelände, das tagsüber als Parkplatz diente. Hier stand ein Haus, bis die Bomben fielen; dann wurde der Trümmerhaufen geräumt. Ein Stück Außenwand war stehen geblieben. Es gab Sichtschutz zur Straße hin, hoch wie eine Friedhofsmauer.

«Ich bin ... aber nicht sehr erfahren», sagte ich. «Ich weiß nicht genau, wie es geht.»

«Du mußt ihn bewegen, wenn du drin bist», sagte sie.

Ich war sehr aufgeregt und spürte gar nichts. Sie lehnte sich gegen die Mauer. «Das Geld!» Ich gab ihr die zehn Mark. Sie steckte den Schein in ihre große schwarze Handtasche und nahm ein Präservativ heraus. Sachlich, wie eine Krankenschwester, knöpfte sie meine Hose auf, massierte, zog den Gummi über mein steif gewordenes Glied, drehte sich um, hob den Rock. «Es geht besser, wenn du es von hinten hinein machst», sagte sie, ein wenig keuchend, und half mit kundigen Händen nach.

Ich fing an, «ihn zu bewegen», wie sie mir geraten hatte. Tatsächlich, ich spürte etwas. Das also war jenes Geheimnis, mit dem mich der Autor von «Geschlecht und Liebe» nicht vertraut gemacht hatte, weil er es für zu primitiv, zu offenkundig hielt! Ich entspannte mich etwas, gab mich den vertrauten Empfindungen hin, wie ein Wanderer, der sich verlaufen hat und nun plötzlich Busch und Baum, Stein und Bach wiedererkennt. «Mach schon!» keuchte sie ungeduldig. Ich machte, gehorsam. Sie hätte meine Mutter sein können. Wahrscheinlich war sie noch älter. Keine Peinlichkeit blieb mir erspart, aber was tat es schon: Ich hatte den Schleier des Mysteriums zerrissen.

«Das war ja ganz ordentlich», hatte sie gesagt, als wir uns trennten, hatte mich säuberlich, wieder ganz Krankenpflegerin, mit einem Papiertaschentuch abgewischt. Ich saß in der Bahnhofshalle, zerschlagen und innerlich jubelnd, während das Licht der Morgensonne in großen Schäften auf den Staub fiel, wie auf den Weihrauch im Passauer Dom. Angst und Scham, im Nachgeschmack des bestandenen Ordeals noch unterdrückt, holten mich einen Tag später ein. Ich spürte ein Brennen in der Harnröhre und war sofort überzeugt, mit Geschlechtskrankheiten angesteckt zu sein, über die ich nach der Art meiner Informationsquellen weit gründlicher unterrichtet war als über das, was fünf Jahre später als «Liebestechnik» zum Thema von Illustrierten wurde.

In verquerer Gerechtigkeit erfüllte sich weder das eine noch das andere; die Hoffnung auf das erlösende, bahnbrechende Abenteuer nicht, die Angst vor Strafe und Seuche jedoch ebensowenig. Das Brennen verschwand wie das Gefühl einer bestandenen Mutprobe. Die Liebe war, wie Irrlicht und Fata Morgana, anderswo, nicht dort, wo ich nach ihr gegriffen hatte.

Freundschaft

Was von andern nicht gewußt / Oder nicht gedacht / Durch das Labyrinth der Brust / Wandert in der Nacht...» Diese Verse tauchen auf, wenn ich versuche, zu fassen, was den Unterschied zwischen Kinderfreundschaften und der späteren, «wirklichen» Freundschaft ausmacht. Nachbarschaft, der gemeinsame Schulweg waren die Quellen aller frühen Bindungen. Ich wartete an Zauntüren, drückte auf Klingelknöpfe. Wenn jemand kam, war es gut, wenn nicht, so spürte ich keine Trauer. Bauarbeiten am Weg, ein Bagger, der mit seinen blanken Zähnen die Erde fraß wie unsereiner ein Brot und sie auf einen Lastwagen spuckte, das interessierte mich ebenso. Freundschaft entstand durch das, was man zusammen machte. Ich spielte gern mit den Nachbarbuben in Deindorf, vor allem mit Siegbert. Aber ich vermißte ihn nicht, wenn ich im Winter zurück nach Passau fuhr. Dort gab es andere Freunde, oder auch nicht, was kümmerte es mich. Menschen waren wie das Wetter: Wenn sie da waren, wenn sie freundlich waren, ging mir das Herz auf. Wenn niemand da war, wenn sie unfreundlich waren, konnte ich eben nichts machen.

«Einen Freund am Busen hält / Und mit dem genießt / Was von andern nicht gewußt / Oder nicht bedacht...» Schrittweise kehrt das Gedicht zurück. Natürlich: Die plötzliche Bedeutung der inneren Welt. Worte werden zu Bildern, die Schatten an die Wand der Höhle werfen. Nie wieder sah ich sie so deutlich wie kurz nachdem ich entdeckt hatte, daß es sie gibt. Darin fand ich eine ganz neue Freundschaft. Es ging mir nicht mehr um die Welt um mich herum, um Sandburgen, Baumhäuser, Zeltfahrten. Es ging darum, jemanden zu haben, zu dem ich von meiner inneren Welt sprach. Die schleichende Machtergreifung dieser neuen Ordnung ist mir heute so unheimlich, wie sie mir einst selbstverständlich und allein gültig erschien. Damals war ich Kolonisator, mit dem ganzen Selbstbewußtsein des Trägers einer Kultur, zu deren innerstem Kern es gehört, sich überlegen zu dünken, zu konkurrieren.

Ein Original, ein Genie, am besten ein Originalgenie. Der bürgerliche Traum. Selbstverwirklichung des Individuums. Normenerfüllung, die zum Durchschnitt macht, gesprengt: aber wie? Woher kam dieses eigentümliche Bedürfnis, etwas Besonderes zu sein, das die Kindheit nicht kannte? Der Freund war der, mit dem ich dieses Besondere teilte, wie er das seine mit mir. Aus der engen, ganz auf mich konzentrierten Welt der Kindheit steckte ich den Kopf wie aus dem Laubdach eines Baumes, den ich bisher für mein Zuhause gehalten hatte. Und siehe, ich war in einem unermeßlichen Wald. Vor mir, neben mir lebten unzählige Andere, die schon tiefere Spuren eingegraben hatten als ich. Wer war ich überhaupt? Was wußte ich schon, über den ungeheueren Schritt hinaus, daß ich überhaupt um mein Wissen und Nichtwissen wußte?

Meine neue Situation mit der Mutter, mit dem Bruder zu teilen, hätte bedeutet, alles zu verkleinern, zu verlieren. Für sie war ich der Wolfi. Sie kannten mich als Kind. Sie hätten mich zu einem Kind gemacht, das ich nicht mehr war. Wirklich nicht mehr? Ach, es war auch angenehm, gelegentlich Kind sein zu können, in eine Umgebung zurückzukehren, in der die Dinge ihre peinlich scharfe Bedeutung verloren und wieder einfach für mich da waren.

Fünf Jahre älter als ich, hatte Georg einen Umweg über das Polytechnikum (er sollte Architekt werden) hinter sich. Nun war er auf die Schule zurückgekehrt. Er wollte Kunstgeschichte studieren. Dazu brauchte man Abitur. So kam er ein Jahr nach mir in das Gymnasium, das als Anhängsel der Oberrealschule in Weilheim ein unscheinbares Dasein führte, verglichen mit dem unerschütterlichen Dünkel des ehemaligen Jesuitenkollegs in Passau, auf dem ich sechs Jahre verbracht hatte.

Die Klasse war klein. Ich wurde ebenso wie Georg freundlich aufgenommen. Aber ich gehörte nicht ganz dazu, wie alle Fahrschüler: Zigeunervolk, das morgens kam und mittags nach einem Schwätzchen im Warteraum Züge in verschiedene Richtungen bestieg.

Georg und ich kamen über Kunstgeschichte ins Gespräch. Ich begeisterte mich immer noch für romanische Plastik. Er lächelte über diese Jugendtorheit. Seine ganze Liebe galt dem bayerischen Barock. Mit ihr verbanden sich Ideen, die mich verwirrten und mir zugleich imponierten. Wir gingen in die Kirchen von Weilheim. Er ließ mich schätzen, wie alt die Deckenfresken waren und lobte gutmütig meine Irrtümer. Das sei eine ganz andere Zeit gewesen, als die Menschen noch so malen, so bauen konnten, ungebrochen in ihrem Selbstgefühl, ihrer künstlerischen Identität, ihrem Handwerksstolz. So müßte es heute noch sein! Was aber war? Lächerliche Kunst, wie von Schimpansen gemalt; politische Gleichmacherei. Georg zeigte einen Neubau, ein altes Bürgerhaus daneben, verglich die Tür aus geschnitzter Eiche mit der aus Aluminium und Drahtglas.

Mein neuer Freund wohnte in einem Haus am Staffelsee, in das seine Eltern nur am Wochenende kamen. Ich lernte eine ganz andere Welt kennen, die sich von der streng geregelten, bildungsstolzen Beamtenfamilie in Passau ebenso unterschied wie von der auf ihre Weise ebenso fest gefügten

Bauernfamilie in Deindorf. Ich kannte kein Elternpaar, wie es Georg hatte. Meine Mutter hatte in Deindorf in Kopftuch und Dirndl beim Heuen geholfen, in Passau ging sie zum Quartettspielen und las Homer im Urtext. Ähnlich chamäleonartig übernahmen mein Bruder und ich, was die Großeltern anboten, fügten uns in die verschiedenen Kulissen. Jetzt fing ich an, diese Puppenstuben zu verachten. Da gab es weder Auto noch Telefon. Kein Haus am See mit Bootssteg und Park, keine Auslandsreise, kein Gemälde, keine Skulptur. Alles Reproduktionen. Georg sammelte selbst. Er hatte schon einige schöne Stücke erworben. Andrerseits schien er mir auf eine unklare, verwirrende Weise abhängig. Er verfügte beispielsweise über ein Auto, aber es gehörte nicht ihm, sondern «dem Geschäft», er durfte es haben, aber es konnte ihm auch genommen werden.

Georg parkte sein Auto immer einige Straßen weiter. Er wollte von Mitschülern und Lehrern nicht gesehen werden. Ich war eingeweiht. Wir fuhren in die Villa, die er ganz für sich hatte, mit dem großen Grundstück und einer eigenen Fahrstraße zwischen Herrenhaus und Garage. Hier ließ er mich probeweise mit einem seiner alten, nicht zugelassenen Autos fahren, lobte mich wieder, ein Naturtalent. Wir holten Kuchen im Ort, kochten Tee, saßen stundenlang auf der Veranda und erzählten. Ich zeigte ihm mehr von mir als jedem anderen, für lange Jahre, bis zu meiner ersten Ehe. Immer wieder suchten und fanden wir Inseln, archimedische Punkte außerhalb der von Fortschritt und Zweckmäßigkeit bestimmten Welt, die nur wir beide bewohnten. Georg war eine rätselhafte Mischung – gehemmt und mutig, kreativ und träge, sinnlich-praktisch und opernhaft pathetisch. Er ließ tagelang das schmutzige Geschirr stehen, erledigte bruchstückhaft und widerwillig seine Schularbeiten. Aber er konnte eine halbe Nacht lang das italienische Konzert von Bach üben oder die Bremsbeläge des Borgward erneuern. Nur selten merkte man ihm Kränkungen oder Wut an; wo er Widerstand spürte, zog er sich zurück. «Ich hatte eine andere Auffassung, wie man die A-Dur-Sonate von Mozart spielen muß, als mein Klavierlehrer. Da bin ich einfach nicht mehr hingegangen, habe alleine weitergelernt, vor allem das Improvisieren.» Er konnte stundenlang aus sich heraus spielen, für mich, der ich nie ein Instrument angefaßt hatte, ein wahres Wunder. Ich hörte ihm gerne zu. Als er mir einmal Haydns «Schöpfung» auf einer großen Tonbandmaschine einen Abend und eine halbe Nacht lang vorspielte, geriet ich in einen fast rauschhaften Zustand – eine neue Welt. «Seht an die Tochter der Natur, die weder Putz noch Schminke ziert!» Frauen waren in unseren Gesprächen ein gefährliches Geschlecht, den Höhen und Tiefen dessen fern, was wir für die zentralen Fragen des Menschen erklärten, an seichter Anpassung und äußerem Glanz interessiert, «die Weiber» eben, eine Gattung, keine Individuen. Georg schien aus bitteren Erfahrungen zu sprechen, die er jedoch nie genau ausführte. Ich begann mich für Barock und Rokoko zu interessieren, kaufte ein altes Klavier, setzte durch, daß die Mutter endlich ein Telefon einrichten ließ und meldete mich in einer Fahrschule an. Das alles geschah in dem Gefühl, etwas Eigenes zu finden, ich erlebte es nicht als Fügsamkeit. Von Entscheidungen, in denen ich meiner Ansicht nach nichts von ihm lernen konnte, brachte mich Georg nicht ab. Er hielt beispielsweise den Plan zu einem Psychologiestudium für einen ungesunden, sinnlosen Berufswunsch.

Manchmal hatte ich ein schlechtes Gewissen den Menschen gegenüber, die mir früher viel bedeutet hatten und jetzt ihre Anziehung verloren. Das betraf vor allem den Bruder. Eben war ich noch mit ihm nach Ravenna, nach Genua gefahren. Jetzt fuhr ich nur noch mit Georg im Auto. Ich übernachtete in Hotels (wobei wir uns stets Mühe gaben, das billigste zu finden), wanderte von Kirche zu Kirche, von Palazzo zu Palazzo, von Antiquitätenladen zu Antiquitätenladen. In meine Euphorie mischten sich Schuldgefühle. Es kam mir unrecht vor, daß wir den Bruder nicht mitnahmen. Aber Bauten und Kunstgeschichte interessierten ihn doch gar nicht! Die Entschuldigung blieb fadenscheinig.

Was Georg von mir übernahm, weiß ich nicht. Vielleicht ein wenig von der unerläßlichen Anpassungsbereitschaft, welche das Gymnasium auch in Weilheim forderte? Immerhin bewältigte er mit Ach und Krach das Abitur. Seine Mutter lobte immer wieder meinen wohltätigen Einfluß. Ihre unverhohlene Sorge, aus dem Sohn könne nichts Rechtes werden, erklärte einen Teil seiner Weiberfeindschaft. Frau Hafner war freundlich zu mir, aber sie trug dabei eine immer leicht beleidigte Miene zur Schau, die ihrer Gastfreundschaft und Hilfsbereitschaft den Beigeschmack verlieh, es werde ihr sicher nicht genügend vergolten. «In meiner Familie leben vier Generationen», sagte Georg manchmal. Er verkörperte die jüngste. Sein zehn Jahre älterer Bruder die mittlere, eng verbunden mit der Mutter, die als junge Frau den dreißig Jahre älteren Vater geheiratet hatte.

Der alte Hafner hätte mein Großvater sein können. Er war schwerhörig, vor allem gegen die ständigen Mahnungen seiner Frau, gärtnerte leidenschaftlich und erzählte jedem, der bei ihm stehen blieb, lange Geschichten über seine Arbeiten, beispielsweise darüber, daß er beim Abbruch eines alten Holzhäuschens auf dem Grundstück zehntausend rostige Nägel aus den Dachschindeln gezogen habe – «Wei sunst macht des ja koana!» Er war schon vor dem Ersten Weltkrieg im Auto gereist und hatte damals alle fünf Kilometer anhalten und Reifen flicken müssen, wegen der Hufnägel. Auf diese Weise kam er in den Jahren

1914 bis 1918 nur so weit an die Front, wie es die Sicherheit des bayerischen Prinzen zuließ, den er kutschierte.

Ich konnte ihn gut leiden, ohne ihn mit Georgs Augen zu sehen, der von seinem Vater schwärmte, er sei ein grundgütiger Mensch. Mir kam der Alte eher auf naive Weise selbstbezogen und unkritisch vor. Einmal kam ich unangemeldet auf einer Fahrt über Land vorbei. Georg, sein Bruder und seine Mutter waren nicht zu Hause. So verbrachte ich den Abend bei einer Flasche Wein mit dem alten Hafner. Da hörte ich die Geschichte von seiner Reise nach Paris. Sein Vater war Kaufmann. Der Sohn sollte den Groß- und Detailhandel für Landwirtschaftsbedarf übernehmen. Um sich auszubilden, sollte er als Kaufmannsgehilfe in verschiedenen Städten arbeiten: Passau, Wien, Metz. Zwischen der Stellung in Wien und jener in Metz hatte er im Jahr 1910 einen Monat Urlaub, den er für eine Parisreise nützen sollte. «Mei Vata hat mir's Geld gebn, weil i a guats Zeugnis kriagt hab von meine Prinzipal. In Metz hab i mir a Hotel gsuacht, hat von außn ganz sauba ausgschaugt, aba wia i im Bett lieg, da zwickts, da juckts, ich mach Liacht, des war a Wanznhaus, des i do dawischt hob. San hoit net so sauba wia mia, die Franzosn. Da hob ich die Wasserglasl gnumma, und hob den Stuhl in dem Zimmer mit jedem Fuß in a volls Wasserglasl gstellt, und so hobn mi die Wanzn nimma dazwischn können, aber es wor scho a unruhige Nacht, und guat geschlofn hob i auf dem Stuhl a net.

Am nächstn Morgn bin i auf'n Zug nach Paris. Und wen triff i do im mei'm Abteil? An Bauan aus'm Gäu, grod schön anzogn mit da Lederhosn und da goldenen Uhrkettn am Trachtngwand. ‹Ja wia kumman denn Sie daher›, hob ich den glei gfragt. Und er hat mir erzählt, daß sein Sohn ein Missionar ist, und bei einer amerikanischen Missionsgesellschaft viel Geld verdient, und daß er ihn nach Paris eingeladen hat, und er will ihn zechfrei haltn und ihm alles zahln.

Do hob i sauba d'Ohrn gspitzt, denn wenn der Missionar Paris so guat kennt, dann könnt ich mir ja den Führer sparen, hob i gedacht, der mich am Gare D'Est abholn sollt, als Erkennungszeichen ham mir ausg'macht, daß ich mein Regenschirm mit'm Griff nach obn trog, und er auch. Das war ein Führer vom Verein deutscher Kaufleute, und der hätt' ein schweres Geld kost.

Wir kummen also nach Paris, und ich laß mein Schirm schön druntn. Ich hab ihn gsehn, wie'ra gschaut hat nach links und nach rechts, aba er hat mi net kennt und net gfundn, den war ma los. Aba koa Missionar ist kumma. Do san ma schön dumm dogstanden, vor allem i selba – hob koan Führer mehr ghabt, und statt dessen den Bauan, den ham alle angschaug't wie ein Weltwunder, in seiner bayerischn Tracht, des wor in Paris wia a Negerhäuptling. Der oide Bauer, der hätt fast gwoant. Nachat hob ich ihn beruhigt und hob ihn gfragt, ob er denn gor nix woaß von seim Sohn, koa Adreß. Do hot er an Zettl rausgholt, und da stand ‹Hotel Excelsior› drauf, wissens, davon gibts drei in Paris, hot mir der Taxiführer gsagt. So san ma a ganz schöns Stückl rumgfahrn, bis mir endlich bei dem richtigen Hotel gwesen sind. Da sind wir ausgestiegen, und ich hab den Taxifahrer bezahlt, der andere hatte ja überhaupt kein französisches Geld, der dachte, sein Sohn, der Missionar, der zahlt ihm alles. Wir haben uns in die Hotelhalle gesetzt und gewartet, und i hob mi gfrogt, wia bring i denn den Bauan wieda o, wenn mir den Missionar net findn, dann hängt er mir am Hals. Aber das war nicht so, sondern nach einiger Zeit ist der Missionar gekommen, der war ganz normal angezogen, aber ein feiner Herr. ‹Wie soll ich Ihnen danken, Herr Hafner›, hat er ein ums andere Mal gesagt, und ich mußte sein Gast sein, ich mußte in demselben Hotel wohnen wie er und sein Vater, er hat nicht locker g'lassn, und ich hab gedacht, probier ich's halt aus.

Und des war dann ganz großartig, glaubns mas, der Missionar hat uns ganz Paris gezeigt, den Eiffelturm und die Notre Dame-Kirche, den Louvre und den Montmartre mit den ganzen Künstlern. Und er is mit uns a in diese Lokale ganga, wo ma Sachn sieht, sagn's nix meina Frau. Da war der Himml, und der heilige Petrus, richtig mit'm blaun Mantl und mit'm weißn Bart, aber die Engerl, des warn lauter nackerte Madln mit a bißl Federn, Tänzerinnen. Und dann warn ma in da Hölle, da habn die Teufl mit großen Gabln die Sünder auf einem glühenden Rost umgedreht, und des worn wieder vor allem Sünderinnen, halt a wieder – aba sogn's nix meina Frau – solche Tänzerinnen, Grisettn sogt da Franzos. Und Champagner hamma trunkn, und der Baua hot si so über sein Sohn gfreit, daß der so groß außakema is in der Welt, überall wor a schon, in Afrika und in Amerika, und jed's Jahr hot er einmal Urlaub ghabt, und da ist er dann nach Paris. Manchmol hob i die beidn alloa lassn, i wollt ja net unverschamt sein, aber sie wolltn mi so gern dabeihabn, und do hob ich doch meistens net na gsagt. Oamoi san ma nachts hoamganga, es war scho sehr spät, da hot der Missionar gsagt, das ist ein verrufenes Viertel, da sind die Apatschen, wir sollen nur aufpassen. Und da homs a scho pfiffn, so verdächtige Kerle an der Straßenecken, mei san mir glauffa, so geschwind warn mir in unserem Hotel. Z'letzt warn ma in einem Nachtlokal, a wieda der teure Champagner, da warn die Tänzerinnen am Schluß ganz splitternackat, und einmal hat auf der Bühne ein Neger ein weißes Mädchen vergewaltigt, hat ma alles ganz genau sehn können, aba erzähln's es ja net meiner Frau, i hab ja nichts Unrechtes getan, aber sie regt sich so leicht auf, sie ist so eine Moralische.»

Partei zu zweit

Die Freundschaft mit Georg war ein Schritt aus meiner bisherigen Welt heraus. – Aber sie war auch ein Rückzug in eine eigenbrötlerische Isolation zu zweit, eine durch Scheuklappen bewahrte Exklusivität. Ich entdeckte die Politik, um mich sofort von ihr zurückzuziehen. In Passau hatte es keine Meinung gegeben, die unserem tapferen, alten, christlichen Adenauer widersprach, in der Schule nicht, im Gymnasium nicht, in der «Passauer Neuen Presse» schon ganz und gar nicht. «Sozis» war ein Schimpfwort, der Ollenhauer mit seinem Froschmaul auf den Wahlplakaten nur häßlich.

Wenn ich politische Äußerungen hörte, liefen sie auf ein Gefühl hinaus, betrogen worden zu sein. Politik war schon immer ein schmutziges Geschäft gewesen. Die Nazis hatten so getan, als wollten sie das bessern. Und gerade sie erwiesen sich am Ende als die Schmutzigsten von allen. In München war meine damals neunzehnjährige Mutter 1932 eigens zu einer Rede Adolf Hitlers gegangen. «Der Mann war so primitiv, so ungebildet. Ich konnte mir einfach nicht vorstellen, daß er an die Macht kommt, und daß er, wenn er die Macht hat, nicht von Leuten an die Kandare genommen wird, die wenigstens etwas gelernt haben. Und die Arbeitslosigkeit! Das war so furchtbar, das kann sich niemand mehr vorstellen, überall diese Männer, die nichts zu tun hatten: Da war jeder recht, der sie von der Straße brachte, und das hat der Hitler schließlich getan, der hat die Autobahnen gebaut, das muß man ihm lassen.»

Es gab die dummen Nazis, die Schaden angerichtet hatten, und die dummen Amerikaner, die jetzt ebenso borniert und kulturlos wie die Nazis ihre Vorstellungen von Demokratie durchsetzten. Was konnte ein gebildeter Mensch Besseres tun, als sich aus dem Ganzen heraushalten? Die gegenwärtig am lautesten für die Demokratie schrien, hatten früher besonders schrill «Heil Hitler!» gerufen, behauptete meine Mutter. Sie war nicht in die Partei gegangen, obwohl man sie aufgefordert hatte, sie war schließlich bis zu ihrer Eheschließung 1938 Lehrerin. Aber die örtliche Leitung des Bundes Deutscher Mädel hatte sie übernommen – «Sonst hätten die doch eine fanatische Nationalsozialistin da hingesetzt, da mußte ich doch das Ärgste verhüten!» Ich nickte. Viel später überlegte ich, wieviel wohl gerade die Hoffnung, das Ärgste zu verhüten, zu diesem Ärgsten beigetragen hat, weil sie den Totenkopf schminkte, die mörderische Ideologie durch viele mäßigende, vernünftige Mitläufer weder mäßigte noch zur Vernunft brachte, sondern ihre öffentliche Geltung förderte und jeden Widerstand erstickte oder auf später verschob. «Nach dem Krieg, das hat dein Vater oft gesagt, das war unter den Offizieren an der Front ganz klar, da räumen wir erst einmal mit den Parteibonzen auf. Aber jetzt müssen wir zusammenhalten!» Woher sollte diese Selbstreinigungskraft kommen – aus dem «Endsieg»? Selbst in diesen rebellischen Parolen kopierten die tapferen Frontkämpfer das große Aufräumen, mit dem auch Röhm und Himmler ihre Scharen gesammelt hatten.

Dünkten sich die Passauer dem politischen Gezänk überlegen, so drückten die Deindorfer eher Ratlosigkeit und Unterlegenheit aus. Die Großkopferten, ob in Simbach, München oder Berlin ansässig, hatten für einen niederbayerischen Bauernhof noch nie Gutes gebracht, außer die

Söhne in blutige Kriege zu fordern. Unsere Liebe Frau in Altötting tat ihr Bestes, aber um alle aus den Gefahren zu retten, war sie doch zu schwach. Man konnte nur beten, und auch das half selten genug. Diese Möglichkeit, Einfluß zu nehmen, war wenigstens vertraut. Jesus und Maria standen auf der Seite der Bauern. Sie glaubten lange Zeit, ihre Frömmigkeit würde sie vor dem Verlust ihrer Welt schützen, selbst als die Parteien, welche das Signum der christlichen Politik für sich beanspruchten, schon eifrig damit beschäftigt waren, die bäuerliche Kultur zu zerstören.

Die politische Haltung in meinem Elternhaus drückte sich darin aus, daß jeder Zusammenhang zwischen dem eigenen Verhalten und der politischen Situation abgestritten oder übersehen wurde. Meine Mutter begann nach dem Krieg, die Klassiker – vor allem Homer, Plutarch, Xenophon, Herodot und Plato – im Urtext zu lesen. Das war *ihr* Traum gewesen, den die nationalsozialistische Herrschaft zerstört hatte: Altphilologie zu studieren. Jetzt hätte sie noch einmal an die Universität zurückkehren können. Aber sie tat es nicht. Sie hatte ihre Söhne, sie hatte ihre Pension, wozu sollte sie für einen Staat arbeiten, der ihr den Mann genommen, die Wohnung ausgebombt hatte? Das Wort von der «inneren Emigration» wurde damals erfunden und viel zitiert. Sie galt der amerikanischen Demokratie nicht weniger als dem Nationalsozialismus. Das wurde aber nicht so laut ausgesprochen. Walter von Molo griff in einem offenen Brief Thomas Mann an und warf den ausgebürgerten Schriftstellern vor, sie hätten sich in Sicherheit gebracht und gut reden, während seinesgleichen unter ständiger Gefahr in innerer Emigration leben mußte, unter Umständen, die sich nur der vorstellen könne, der dabeigewesen sei. In diesem Streit waren meine Mutter, die Großeltern und alle Bekannten einer Meinung: Thomas Mann hatte keine Ahnung. Er war ein großer Schriftsteller, ein wenig artifiziell und schwülstig zuweilen. Von Politik verstand er genauso wenig wie wir alle. Nur mangelnde Selbstkritik konnte ihn verführen, über Dinge zu sprechen, die er gar nicht am eigenen Leib erfahren.

Diese ständigen Zweifel an der Vorstellungskraft aller, die nicht in der eigenen, peinlichen Lage gewesen, errichtete ein Bollwerk um Eltern und Großeltern. Von seinen Wällen wurden gelegentlich Informationen gnädig fallengelassen, während jeder Versuch, tiefer einzudringen, auf Sperrfeuer stieß. So erfuhr ich von Wagemutigen, die wegen dummer Äußerungen verhaftet wurden. Entweder kamen sie wieder und wollten nun nie mehr über das reden, was sie durchgemacht hatten. Oder die Angehörigen erhielten ein Päckchen mit einer Zigarrenkiste voll Krematoriumsasche – «leider an Lungenentzündung verstorben».

Dieser bildungsbürgerlichen Überheblichkeit ging es immer darum, Zusammenhänge aufzulösen, um «gute» Fragmente zu retten, wie Schiffbrüchige das Wrack ausschlachten, das auf den Klippen zersplitterte. Gute Leistungen, gleich auf welchem Gebiet, lassen sich aus ihren Strukturen und Zielen herauslösen. Die deutschen Panzer, Maschinengewehre, Stukas und Messerschmitts waren großartig! Die Kämpfe der U-Boot-Mannschaften, die Husarenstücke der Sonderkommandos sind grandiose menschliche Leistungen – oder? Zwei Untergetauchte werden in Amsterdam von der holländischen Polizei abgeführt. Die niederländischen Faschisten bemühen sich, den preußischen Stechschritt nachzuahmen – mit höchst mangelhaftem Ergebnis. «Wenn ich da an unsere SS denke», seufzt der eine Jude zu seinem Nachbarn.

Mein Freund Georg und ich gingen im Versuch, die Wunden unseres Nationalgefühls zu heilen, nicht diesen militaristischen Weg. Wir hielten ihn für primitiv und unter unserer Würde. Hitler war für Georg ein österreichischer

«Theaterer», ein Schauspieler, auf den die Preußen hereingefallen waren. Wir in Bayern hätten ihn nie ernst genommen. In München sei er mit seinem Versuch, eine Revolution zu machen, kläglich gescheitert. «Wir» hatten ihn verhaftet und eingesperrt. Aber die Preußen, die ließen ihn groß werden, die gaben ihm am Ende die Macht. Von Berlin aus, da konnte er, wie das die Preußen schon immer mit den Bayern gemacht haben, unser freiheitsdurstiges kleines Land unterwerfen. Wir Bayern waren also an dem ganzen Nazielend nicht schuld, wir waren erobert, kolonialisiert, hineingezogen worden von den schon immer großmachthungrigen Preußen. Und leider waren unsere Politiker (abgesehen von einer kleinen Minderheit) zu dumm, die historische Chance zu erkennen, Bayern wieder vom Rest Deutschlands abzukoppeln. Wir sollten es wie die Österreicher machen, die 1938 mit einer Begeisterung ohnegleichen die Nazis empfangen, aber nach 1945 der Welt weisgemacht hatten, sie seien besetzt worden, unschuldige Opfer.

So waren wir eine Partei zu zweit; jeder des Beifalls seines Verbündeten sicher, wußten wir Lösungen für die Welträtsel. Aber es gab viel Wichtigeres als die Politik – die Kunst etwa, zu der ich unverfroren meine Gedichte rechnete. Jede Dorfkirche mit Wessobrunner Stukkaturen oder Fresken vom Lechhansel, wieviel mehr aber noch Wunderwerke wie die Bauten von Cosmas und Damian Asam oder Dominikus Zimmerman in der Wies, in Rohr, in Weltenburg an der Donau bestätigten, was wir schon wußten: daß wir Bayern nicht unseresgleichen hatten in der Welt, daß unsere Gotteshäuser Gesamtkunstwerke waren, die nicht den römischen Kirchengott, sondern Sinnenfreude und Sensibilität unseres Stammes feierten. Während Georg immer unübertroffen in seinen Datierungen und in seiner Fähigkeit blieb, alt und neu (Werke «aus der Zeit» und solche des historistischen 19. Jahrhunderts) auseinanderzuhalten, bestand mein Beitrag eher in einem Wissen, für das ich später auch das passende Fachwort fand: Ikonographie. Ich kannte viele Geschichten, hatte die Legenda aurea und die Bibel, die antiken Mythen und die Epen von Vergil besser im Kopf als Georg. So gelang es mir nicht selten, unverständliche Szenen zuzuordnen, den Mann zu identifizieren, der seine Hand über ein Glutbecken hält, die Sage zu einem Bild zu erzählen, auf dem ein junger Held sein wohlgezäumtes Roß in einen Abgrund treibt.

Wie die persischen Sichelwagen feindliche Schlachtreihen, so mähte unsere Kritik alles nieder außer uns selbst: die moderne Kunst und die demokratische Politik, die Preußen im Norden und die Katzelmacher im Süden, die Amerikaner und die Weiber, denen mindestens der völlige Mangel an jedem tieferen Empfinden für Kunst gemeinsam war. Unsere Kritik war mehr Verteidigung als Angriff. Sie diente dem Aufbau einer Schutzschicht. In Georgs Lebensphilosophie spielte die Zufriedenheit eine große Rolle (kein Wunder angesichts seiner immer unzufriedenen Mutter). Wenn wir etwas kritisierten, hatte es die Aufgabe, Unerwünschtes aus unserem Kreis zu bannen. Ich habe einmal ein kleines Mädchen beim Kuchenessen beobachtet. Es nahm willig den Bissen, den ihm der Vater von seinem Stück anbot, und rollte ihn auf der Zunge. Dann öffnete es mit angewiderter Miene den Mund und schob den Brocken einfach hinaus, dem Wirken der Schwerkraft entgegen, die den Rest der Befreiungsarbeit übernahm.

Der Kontakt mit Georg milderte meine Neigungen zu einer schalentierhaften Lebensform, zur Abgeschlossenheit und Selbstgenügsamkeit. Er war nicht weniger sparsam als ich, aber konnte viel lustvoller sein Geld verwenden, um möglichst viel Befriedigung herauszuholen. Er wollte billig und gut speisen, während ich lieber zu festen Preisen im Laden einkaufte und aus dem Papier aß. Jeder ertrug guter

Dinge die Eigenarten des anderen. «Der eigene Dreck ist immer heilig», sagte Georg, der eine Vorliebe für weiße Krägen und klassische Anzüge hatte, aber diese Hemden nicht gerne wusch. Er entwickelte dazu eine Typenlehre von den «sauberen» und den «schmutzigen» Menschen, wobei die sauberen (wozu er sich selbst und auch mich zählte) so ungewaschen sein können, wie sie wollen, dabei aber stets sauber aussehen, während die schmutzigen Typen ihren Makel selbst nach stundenlangem Baden behalten. Er betonte, dies ganz und gar nicht wertend zu meinen; es konnte geschehen, daß er mir in einem Lokal zuflüsterte: «Schau, was für ein reizendes Weib da hinten am Tisch, schmutziger Typ!»

Die letzten beiden Gymnasialklassen war ich ebensooft mit Georg in dem Haus am Staffelsee wie in Feldafing. Wir ließen das Ruderboot ins Wasser, takelten die Jolle auf, wenn es Wind gab, machten Ausflüge in die Kirchen der Umgebung, nach Dießen, Rottenbuch oder in die Wies. Mit einer Schrotflinte pirschten wir durch den Park. Der Plan, einen der zudringlichen Schwäne zu erlegen und zu braten, scheiterte an der Angst, von einem Tierschützer, Polizisten oder mißgünstigen Nachbarn beobachtet zu werden. Schwäne, darüber waren wir uns einig, sind gierige und dumme Vögel, von denen es ohnehin zu viele gibt, weil sentimentale Städter sie durch den Winter füttern. So schossen wir zwei Eichelhäher, er den seinen von einem Ast, ich den meinen gar im Flug, worauf ich nicht wenig stolz war. Es widerstrebte unserem Ehrenkodex, die Beute wegzuwerfen. Wir wollten die Vögel grillen. Einen entsprechenden Rost hatte ein Untermieter der Hafners, der viel verreist war. Wir brachen seine Holzlege auf, holten den Grill heraus und brieten die gerupften und ausgenommenen Häher. Sie sahen aus wie gebratene Tauben. Weil es sein mußte, aßen wir sie tapfer.

Georg kannte die (damals) etwa zehn «Schiffe» auf dem See. Meist benützten wir sein Segelboot, das ein örtlicher

Schreiner für sich selbst gebaut hatte. Als er sich ein neues auf Kiel gelegt hatte, verkaufte er es an die Hafners. Manchmal segelten wir zusammen mit einem Bekannten der Familie Hafner, einem Chemieingenieur, der sein Boot selbst entworfen hatte. Er war ungeheuer stolz auf sein Werk, über das wir uns stets lustig machten, wenn er nicht zuhörte. Das Schreinerboot zog Wasser. So nahmen wir das Angebot des Ingenieurs dankbar an, in den Ferien nach dem Abitur mit seiner Jolle zu segeln. Wir kreuzten bis auf den Untersee, wo wir ungewohnte Konkurrenten fanden: einen doppelrümpfigen Katamaran, der sich mächtig ins Zeug legte und uns bei geraden Strecken immer überholte, aber beim Wenden soviel Fahrt verlor, daß er den Vorsprung wieder einbüßte. Einmal, als wir dicht an ihm vorbeischossen, knallte uns eine Bö ins Segel, es krachte. Als wir den Seitenschub ausgeritten hatten und uns umsehen konnten, war die Mastspitze des Katamarans gebrochen, er trieb steuerlos ans Ufer. Wir feierten das wie ein Piratenstücklein und wurden nicht müde auszumalen, wie ein Luftstoß, den unser Segel teilweise abgehalten hatte, den Mast des Rivalen enthauptet hatte.

Unsere Jagd- und Seeräuber-Taten, unser insgeheim aggressiver Nationalismus und unsere Phantasien, wie wir beide nachts auf den Straßen von Verona oder Venedig mit allen umspringen würden, die es wagen sollten, uns anzugreifen, sprachen für einen sich selbst verborgenen Haß auf eine Welt, die unseren Versuchen trotzte, sie zu gestalten. Nischenkönige mit imaginären Untertanen, bewohnten wir in unseren Phantasien Schlösser und Stadtpaläste, in der Realität aber das billigste Hotel ohne Aufzug, mit einem Waschbecken und einem kleinen Tischchen. Wir stellten es samt den beiden wackligen Stühlen auf den schmalen Balkon und – siehe da – hatten die ganze Piazza Erbe in Verona im Blick, samt Markturm, Glocke und Uhr. Wir wickelten

Weißbrot, Käse, Oliven und Peperoni aus, gossen den roten Wein in die Zahnputzgläser und fühlten uns als Prinzen der Stadt von Romeo und Julia.

Spuren

Wenn auf dem Grabstein des ertrunkenen Dichters steht: «His name was written in water», reizt die Metapher zum Widerspruch. Wenn sein Name wirklich nur in Wasser geschrieben wäre – woher wüßten wir dann von ihm? Ein Schwimmer, der aufatmend den Strand erreicht und die Tropfen abschüttelt, hat keine Spur ins Meer geschrieben. Der tote Dichter wollte mehr, sonst wäre er kein Dichter geworden. Gleichzeitig ist doch Vergänglichkeit das zentrale, das lebendigste Thema seiner Gedichte: daß der Mensch von dieser Erde verschwindet, und mit ihm seine Sehnsucht nach Dauer. Die Muse ist eine Nixe, *la belle dame sans merci.* In dem düsteren See, zu dem sie den Helden geleitet, wird er ebensowenig eine Spur eingraben wie die vielen, die vor ihm denselben Weg gingen. Jeder aber ließ sich nur von dem Versprechen in die Unterwelt locken, gerade bei ihm sei es nicht so. Seinen Namen, seine ganze Existenz über diesen Namen hinaus werde der Spiegel bewahren, der wie geschmolzenes Blei in der Tiefe liegt.

Als ich ein Kind war, dauerten die Tage ewig. Ein Sommer war endlos, der Winter Lichtjahre entfernt. Stunden und Wochen hatten keine klaren Grenzen. Sie waren wie Tüten, die unter der Fülle dessen platzen, was sie bergen sollen. Irgendwann kam der Abend, kam der Sonntag, aber wo war er denn gleich? Mir geriet etwas anderes in die Hände, ich verlor Frage und Antwort, Zeit aber hatte ich immer, gar nicht selten jene klebrige, die sich wie längst geschmacklos gewordener Kaugummi dehnt, Langeweile.

Schritt für Schritt, jedes Jahr wurden die Tage, Wochen, Monate klarer, ihre Grenzen undurchlässiger bis zum ersten Terminkalender, der die Zeit in kleine, klare, harte Portionen einfror, ein Eiswürfel wie der andere. Aber es war, als hätte dieses Chaos mich auch gnädig davor bewahrt, der Vergänglichkeit zu begegnen, die um so weniger übersehen werden kann, je besser wir lernen, mit unserer Zeit umzugehen, «etwas aus ihr zu machen». Als Kind hatte ich mich in meiner Unordnung wohl und geborgen gefühlt, hatte nie begriffen, wenn die Mutter sagte, in diesem Saustall könne sie nicht leben, wenn sie mir das Hemd ordentlich in die Hose steckte, die Strümpfe unters Knie zog: Es müsse schrecklich unbequem sein mit Wülsten überall am Körper.

In den allmählich festeren Konturen von Zeit und Raum, in dem plötzlich penibel geordneten Büchergestell, der in einer blauen Vase dazu gestellten einzelnen Rose, der selbst gestalteten Frisur, den sorgfältiger gewählten Hemden und Jeans hatte ich etwas entdeckt: mich selber, Zentrum dieser Ordnung. Und sogleich war diese Entdeckung vom Verlust bedroht. Wer war ich schon, was war ich denn überhaupt, weder Kind noch Erwachsener, ziellos in einem Zwischenreich, einem Limbo, wo die Seelen umherirren, die weder Gott noch der Teufel haben will? Was unterschied denn einen Tag vom nächsten, ein Jahr vom folgenden? Die Zeit verging, nichts konnte sie festhalten. Wirklich nichts? Doch, es gab Möglichkeiten, Spuren zu hinterlassen, zu denen man zurückkehren konnte wie zu der in Buchenrinde geschnittenen Zahl von Jahr und Tag. Es waren zwei, die ich kurz hintereinander entdeckte: die Fotografie und das Gedicht. Jedesmal fühlte ich mich von einer solchen Lösung erleichtert, als hätte ich einen Durchbruch gefunden, das Paradies erobert oder wenigstens die Hölle. Aber die Hoffnungen platzten. In einer Friedhofskirche bei Weilheim, in die Georg und ich manchmal hinauswanderten, fanden wir eine Tafel aus Bronze, ein Grabmal von 1745. An den Totenschädel gelehnt wie der Hirte an einen Felsen, tauchte ein rundlicher Putto den Strohhalm in das Schälchen mit flüssiger Seife. Die Blasen tanzen um ihn, zerstieben – *vita vanitas est*.

Wenn ich als Kind von zu Hause fortging, suchte ich draußen etwas anderes als mich selbst – Teile des abgestürzten Flugzeugs, Pilze und Heidelbeeren, Munition, Nüsse des Bauern in Passau. Spielkameraden waren nicht viel anders als diese Geschenke des Krieges und der Natur. Eine Gewehrpatrone im Straßengraben war ähnlich wie die Walnuß in der Wiese. Man konnte sie aufheben, einstecken, später aus der Tasche holen, die Schale entfernen, einen Kern herausholen. «Was machma denn?» war die Frage, wenn ich jemand traf – Fangamandl, Räuber und Schandi (Gendarm), Federball. Jetzt war es anders. Ich suchte draußen Eindrücke, Empfindungen, Gedanken. Wenn überhaupt es darum ging, etwas zu machen, dann wollte ich mit mir selbst zu Rande kommen, in einem wörtlichen Sinn: Ich wollte meine Grenzen finden. Wenn ich mich danach sehnte, einem anderen Menschen zu begegnen, galt dieser Wunsch selten einer realen Person; er drückte Hoffnungen aus und eine unbestimmte Erwartung. Immer trug ich etwas zum Schreiben mit mir. Ich suchte einen Baumstumpf an einer Waldlichtung, eine Bank unter Platanen am Rondell gegenüber der Roseninsel, wo nur an Sonntagen die Spaziergänger lästig fielen, weil sie mich störten, die richtigen Worte zu finden. Worte, mit denen ich versuchte, diesen Sonnenuntergang, diesen Gesang von Vögeln, diese Wolkenstimmung mit den erhabenen Vorstellungen zu verbinden, die sich in mir angesammelt hatten wie Treibgut, das am Rechen eines Stauwerks hängen bleibt. Manchmal suchte ich Reime, wobei ich abgeschmackte – Liebe auf Triebe, Herz auf Schmerz – vermied. Meist waren es freie Verse.

Es war ein Kampf um mich selbst, ein Versuch, aus dem Morast der Vergänglichkeit, der unartikulierten, namen- und bedeutungslosen Existenz herauszukommen. Aber jeder Sieg war so vergänglich wie der Feind. In einem nordischen Märchen läßt ein zaubermächtiger Riese den Donnergott gegen die Zeit kämpfen – äußerlich ein armseliges, altes Weib, eine Magd im Haushalt des Zauberers, zwingt sie endlich den starken Thor in die Knie. Mein Anspruch war lange Zeit (mir schien sie lang, es handelte sich aber nur um ein Jahr) völlig in mir verschlossen, schwankte von dem Glauben an meine Genialität bis zum Empfinden völliger Wertlosigkeit aller meiner Versuche. Immerhin hielt ich zäh an meinen Werken fest, kaufte mir ein kleines, in Kunstleder gebundenes Büchlein und trug in einer neu entdeckten Schrift (mit fahnenartig geschwungenen Großbuchstaben und winzigen Kleinbuchstaben) alle Gedichte zusammen.

In meinen Phantasien tauchte der Plan einer Veröffentlichung erst spät und unklar auf, in einen Schleier von Scham gehüllt. Er hing mit dem Schwanken meiner Gefühle eng zusammen. Wenn ich allein zu schwach war, eine bleibende Gewißheit meiner selbst zu haben, eindeutig und für längere Zeit zu erkennen, wer ich war, wo ich meinen Platz in der Welt finden konnte, dann konnte doch die Anerkennung durch andere, die Überzeugung anderer, daß meine Bilder der Wirklichkeit gültig und bewundernswert seien, diese Schwäche steuern! Wie ein Schwimmer, der sich von einer Welle zum Ufer tragen läßt, danach trachtet, in eben dem Augenblick festen Boden unter seinen Füßen zu finden, in dem er seinem Ziel am nächsten ist, wollte ich durch die Bestätigung von außen meine schwankenden Stimmungen an ihrem höchsten Punkt festhalten. Ich glaubte an das

Gute, nicht in mir, dazu kannte ich mich zu genau, aber in meinem Werk. Wenn andere dieses Werk beachteten, würde sich das Gute durchsetzen. Aber es durften keine Menschen sein, denen ich schon in meiner kindlichen Vergangenheit begegnet war. Diese fanden möglicherweise gar Spaß daran, mich in sie zurückzutunken, wie man einem unsauberen Hündchen die Nase in die eigene Scheiße drückt. So kam es, daß ich meine Gedichte weder meinem Bruder noch meiner Mutter zeigte. Ich wurde sehr ärgerlich, wenn sie nach ihnen schnüffelten. Einmal hatte ich eine Anzahl von ihnen mit der Schreibmaschine abgeschrieben und die Kopien auf dem Bett ausgelegt. Dann mußte ich den Rest des Nachmittags fort, schloß aber mein Zimmer sorgfältig ab und nahm den Schlüssel mit. Als ich nach Hause kam, war die Tür offen. Ein von meinem Bruder gefertigter Dietrich steckte noch im Schloß. Ich schrie ihn an, fragte gebieterisch, was das solle, bekam außer einem unwilligen Brummen keine Antwort. Am nächsten Tag kaufte ich ein Sicherheitsschloß, das ich mit einiger Mühe einbaute. Ich erntete dadurch den Vorteil, daß mein Zimmer nur noch mit einem Schlüssel, nicht mehr mit der Klinke geöffnet werden konnte. Das enthob mich der Peinlichkeit, eigens abzuschließen, wenn ich nicht gestört werden wollte.

Diese Scheu umgab meine Fotografien nicht. Seit mir die Mutter eine Boxkamera aus mattschwarzem Blech zu Weihnachten geschenkt hatte, knipste ich, zuerst Verwandte, die zu Besuch kamen. Sie stellten sich auf, lächelten gehorsam, ich äugte durch den Winkelsucher, der nur aus einer bestimmten Blickrichtung überhaupt ein Bild ergab, der Auslöser machte «Klack», ich durfte nicht vergessen, weiterzudrehen, sonst gab es eine Doppelbelichtung. Ich wollte etwas für mein Album.

Jetzt hingegen ging es darum zu sehen, zu gestalten, ein Bild, eine Komposition von Licht und Schatten der Welt zu entreißen, die immer gleichförmig dahinströmt, ihrer Schönheiten so wenig bewußt wie ihrer Mängel. Beides, konzentriert, verdichtet, sollten meine Lichtbilder zeigen. Ich sah die schweren Bände in Kupfertiefdruck mit meinen Lieblingsthemen – Wolken beispielsweise, oder Bäume, Buchen im Frühling, wenn die Sonnenstrahlen das zarte Grün mit einem Leben erfüllen, das nur wenige Tage anhält. Ich aber konnte es für immer bannen, das Strömen, das Steigen und Fallen zähmen, festlegen für den von mir gewählten Augenblick. Ich kaufte nach und nach, Sonderangebot und gut erhalten gebraucht, Vergrößerungsapparat und Dunkelkammerausrüstung, kämpfte mit Belichtungsfehlern, Grauschleier, Korn und Fixierbädern, deren Tücke sich erst nach Tagen erweist, wenn Bilder plötzlich vergilben und sich Flecken ausbreiten wie Hautkrebs. Bald wurde eines meiner Werke von der Lokalausgabe des «Münchner Merkur» reproduziert. Es war meine schönste Buche am Seeuferweg, eine Laubhalle im Gegenlicht. Der Redakteur illustrierte mit ihr einen Beitrag über den wilden Campingplatz, der sich zwischen Golfplatz und See entwickelt hatte. Der Name des Fotografen wurde nicht genannt. Ich erhielt ein Honorar von 15 Mark. Die Bildunterschrift: «Die Seepromenade bei Feldafing. Wenige Schritte weiter beginnt der sogenannte Campingplatz. In den Büschen, wie uns ein Leser schreibt, ‹Hunderte von Haufen menschlichen Kots›.» Ich fand das unpassend, ließ mich aber nicht entmutigen. Auch geniale Bildreporter haben klein angefangen.

Die Namen der Objektive klangen mir in den Ohren wie dem Weinkenner die großen Namen aus Bordeaux und Burgund: Leitz Elmar, Summar, Summikron, Hektor; Schneider Xenar; Zeiß Tessar, Sonnar. Ich holte die alten Fotobücher meines Vaters aus dem Bücherschrank (sie waren schwer zu finden, weil sie in der zweiten Reihe standen). Hier waren Wunder an Feinkörnigkeit, die mit Hilfe doppelter Belichtung und halber Entwicklungszeit erreicht werden konnten.

Nie waren meine Kirchen, Landschaften, kulturkritischen Serien (über das Oktoberfest, über die Badetouristen an der Adria, zu denen ich durch die Einladung in das Ferienhaus eines Freundes geriet) so schön wie im grünen Licht der Dunkelkammer, wenn sie, blaß wie eine Geheimschrift, mit atemberaubender Schnelligkeit immer deutlicher wurden. Ich war verzaubert. Die Unzufriedenheit kam später, im Tageslicht, wenn Unschärfe, Kratzer, Staubteilchen sichtbar wurden und ich meine Enttäuschung über die Banalität des Erreichten an solchen technischen Mängeln festmachte.

So war das Material für die Tiefdruckbände nicht zu gewinnen! Ich suchte die Lösung in einem der ersten japanischen Kamerasysteme, die in Deutschland auf den Markt kamen und professionelle Qualität für sehr wenig Geld anboten. Es war eine Mamiya, im Format 6 × 6, ein höchst unhandliches Ding, das durch einen ausfahrbaren Balgen Nahaufnahmen bis in den Makrobereich hinein zuließ, freilich nur, wenn man mit Hilfe einer Art Aufzug vor der Aufnahme die Kamera hob, um das Objektiv dorthin zu bringen, wo es sein sollte. Der Mamiya-Mythos besagte, daß die Rokkor-Objektive wahre Wunder an Scharfzeichnung vollbrächten, weil jedes zweite, weniger gute, in den Sucher des zweiäugigen Apparats eingebaut würde. Jedenfalls gab ich nie zu, daß mir die Ausrüstung zu schaffen machte. Ich schleppte das schwere Stativ, den Parallaxen-Ausgleich, den Handgriff und die Wechseloptiken (jeweils zwei Objektive samt Verschluß: es war an nichts gespart) in einer großen schwarzen Tasche und warf Seitenblicke, ob andere den ernsthaften Fotografen erkannten. Dunkelkammererlebnisse entschädigten mich für die Packeseldienste. Schärfe,

Zeichnung, vor allem die zahlreichen Abstufungen in den Grautönen waren vom Kleinbild unerreichbar, es gab keine Probleme mit dem Korn mehr, Licht und Schatten gewannen in sich Strukturen, Feinheiten, die ich vorher immer vermißt hatte.

War es wirklich ein Schritt nach vorne? Oder tröstete ich mich über die unüberwindlichen Grenzen: die Höhepunkte festzuhalten, die Schönheit, die sich für einen Augenblick enthüllte und dann wieder verschwand, für längere Zeit («für immer» ist ein großes Wort, das die Sehnsucht genau ausdrückt) zu bannen? Mein geschärftes Empfinden für die Belanglosigkeit der meisten Fotografien, für die von der Filmfabrik ausgebeuteten Knipser, mündete in den Selbstzweifel: War ich nicht einer von ihnen? Lief den Sensationen nach, fotografierte, was fotografiert werden muß, weil es schon so oft fotografiert wurde, die Tauben am Markusplatz, der schiefe Turm von Pisa, schimmernde Gletscher, weite Landschaften mit hängenden Zweigen im Vordergrund?

Als Kind war ich aus dem Stoff der Welt um mich. Jetzt stand ich ihr gegenüber. David dem Goliath, mit Kamera und Notizbuch als Waffen. Ich mußte sie fassen, halten, in Stücke zerlegen, die nicht wieder untertauchten wie springende Fische, sondern blieben, aus denen ich etwas bauen konnte, das nur mir gehörte, nur mich ausdrückte und von allen anderen unterschied. Ein besserer Fotoapparat, eine kühne Metapher halfen, jedes auf seine Weise.

Auf der ersten großen Italienfahrt mit Georg verbrachten wir zehn Fototage im Schatten der Kuppel des Florentiner Doms. Wir wurden nicht müde, uns zu versichern, wie früh die Bildhauer, Architekten und Maler hier Stilmittel entdeckten, die in unserem Bayern erst zwei Jahrhunderte später auftauchen. Da *wir* das feststellten, war die Kränkung für unsere Heimat gering. Ghiberti! 1424! Da herrschte bei uns noch die tiefste Gotik... Wir aßen in der Mensa der Universität und priesen die Sinnlichkeit, den sicheren Geschmack der Südländer. So einen Fraß wie die Deutschen würden Studenten *hier nie* essen. Sie würden sich nicht amerikanisieren lassen. Wir kochten mit einem Tauchsieder Tee in dem Hotelzimmer an der Piazza Santa Maria Novella, deckten den kleinen Tisch mit dem mitgebrachten englischen Teegeschirr und unseren Einkäufen vom Markt.

Die Fotoausrüstungen ließen wir in Georgs Wagen. Da waren sie zur Hand, wenn wir sie auf unseren Ausflügen brauchten. Ich traute meinen Augen nicht, als ich morgens unseren Picknickkarton holen wollte und das Auto aufgebrochen fand. Die Mamiya, Wechseloptik, Stativ, Filme und die Leica meines Vaters, die ich für Diapositive verwendet hatte – verschwunden. Georgs Contax mit Spiegelkasten, Teleobjektiv, Stativ – verschwunden. Wir gingen zur Polizei. Ein geduldiger, eleganter kleiner Mann nahm ein Protokoll auf und belehrte uns, es sei höchst unvorsichtig, etwas im Auto zu lassen. In seinem Wagen bleibe nicht einmal eine Zeitung liegen.

Solange wir noch etwas tun konnten, hielt sich die Schärfe des Verlusts im Hintergrund. Aber als unsere Anzeige unterschrieben war und wir in den sonnigen Herbsttag hinaustraten, verwandelte sich der blaue Himmel in ein Gewölbe aus Blei, das Gelächter der Menschen klang wie Spott. Jeder Barkellner und Tankwart konnte der Räuber dieser Nacht gewesen sein. Die Stadt Lucca, für deren romantische Kirchen und malerische Plätze wir gestern auf unserem Abendspaziergang geschwärmt hatten, haßten wir und sagten ihr alles Schlechte nach. Der Hotelwirt entschuldigte sich wie der Kriminalbeamte, indem er die Hände über dem Kopf zusammenschlug, die Dummheit der Opfer und die Schlechtigkeit der Diebe, dieser *ragazzi* von auswärts, beklagte. Mir wurde klar, daß ich einen Rest magischer Hoffnung in die Carabinieri gesetzt hatte. Sie kannten den Dieb, würden mit mir zu ihm fahren, ihm mit vorgehaltener Waffe die Beute wieder abnehmen. Sobald sie zerfallen war, wußte ich, daß ich alle Hoffnung aufgeben mußte; wir waren nicht versichert. Wie Schiffbrüchige klammerten wir uns an das, was die Diebe nicht mitgenommen hatten, das Teegeschirr oder die große, sechzig Liter fassende *damigiana*, eine Korbflasche mit echtem Chianti, die wir nach Baiern (so füllte Georg immer den Meldezettel aus, wenn nach der Staatszugehörigkeit gefragt wurde – bairisch, in der alten Schreibweise) schmuggeln wollten. Als der Grenzer uns anhielt und nach Waren fragte, gluckerte die große Flasche auf dem Rücksitz (denn sie paßte nicht in den Kofferraum), mit Mänteln und einem Federbett getarnt. (Georg reiste immer mit seinem eigenen Plumeau, er traute weder der Sauberkeit noch Wärme fremder Decken.) Da zeigte Georg auf die Spuren, die der Einbruch am linken Ausstellfenster hinterlassen hatte. «Was solln wir denn mitbringen?» fragte er mit anklagender Stimme, als sei uns Unrecht geschehen. «Ausgstohl'n ham's uns in Italien, alles weg, die ganze Fotoausrüstung, die Anzugjacken, alles weg!»

«Da ham's Pech g'habt», sagte der Zöllner mitfühlend und winkte uns durch. Der Chianti bekam sechs Wochen Zeit, um sich von den Erschütterungen der Reise zu erholen. Dann trafen wir uns bei Georg, spülten sechzig alte Weinflaschen mit kochendem Wasser und füllten sie aus der großen *damigiana*, verkorkten sie mit Hilfe einer alten Stopselpresse und hüllten ihre Hälse in farbenprächtige Gelatinescheiben, die im warmen Bad zu gallertartiger Biegsamkeit erweichten und im Trocknen hart wurden. Wir waren stolz auf unser professionelles Vorgehen, erzählten uns ein halbes Dutzendmal die Geschichte vom Grenzer und von der ausgleichenden Gerechtigkeit, die sich darin bestätigt hatte. Weil viele unserer leeren Flaschen nur einen Dreiviertelliter faßten, ergab sich ein stattlicher Rest, den wir im Lauf der Arbeit austranken, und wir schworen, nie wieder einen Fuß auf den Boden der Stadt Lucca zu setzen.

So endete meine Karriere als Fotokünstler. Ich kaufte mir keine neue Ausrüstung; die Diebe von Lucca hatten meine Vision gestohlen. Ich habe später, während meiner Arbeit als Medizinjournalist, wieder professionell fotografiert. Weit mehr Bilder als zur Zeit meiner großen Träume wurden gedruckt, aber ich spürte keine Begeisterung, kein inneres Ringen um Negativ und Positiv; es war eine bequeme Art, Geld zu verdienen, nichts weiter.

Ist das eine der Wendungen, die so banal sind, daß sie keinem Geschichtenerzähler einfallen würden, sondern nur dem Leben selber?

Der Wunsch, ein Foto, ein Gedicht zu veröffentlichen, wurzelt in den Schwankungen des Selbstgefühls. Bleibendes zu schaffen, das verspricht festen Boden, sicheren Stand. Was veröffentlicht ist, was nicht mehr zurückgenommen werden kann, scheint dem Autor nicht so leicht zerstörbar, wie seine Inspirationen. Wie der Glanz der meisten Hoffnungen wird auch der Nimbus dieser mit ihrer Erfüllung matt. Ich erinnere mich noch, wie ich die Nase an den Schaufensterscheiben der Buchläden plattdrückte und dachte: Mein Gott, wenn mein Name einmal auf einem dieser Werke stehen würde, die in ihrer festen Gestalt der Vergänglichkeit entrissen sind! Dieser Triumph schien mir so unerreichbar, daß ich nicht über ihn hinaus dachte. Es ging nicht um den Inhalt des Werkes. Das Buch selbst war wie eine Fahne, die Expeditionen am Südpol hissen, wenn sie unter großen Opfern die Antarktis durchquert haben. Kaum haben wir einer solchen Fahne den Rücken zugekehrt, verschwindet sie auch, die Hinfälligkeit unserer selbst wird uns wieder bewußt. Wir wissen nun, daß sie durch diese Fahne nicht behoben werden kann.

Mein Wille zum Schreiben war zählebiger als der zum Bild. Gedichte füllten verschiedenfarbige Notizbücher, an ihnen übte ich mein (wie so manches andere) autodidaktisch erlerntes Maschineschreiben. Dicke Umschläge wurden an Zeitschriften abgeschickt, die sich der sparsame junge Dichter (der sein Alter in den Begleitschreiben nach oben abrundete) nicht selbst kaufte, sondern im Leseraum der Bibliothek durchsah. Die meisten Sendungen verschwanden kommentarlos (der sparsame junge Dichter legte nie Rückporto bei), einige wurden gedruckt. «Sie sind nah dran», schrieb mir Hans Bender von den «Akzenten». Waren seine Gedichte näher dran? Ich fand das nicht. Aber ich hieß auch nicht Hans Bender. Sollte ich mir ein Pseudonym zulegen? Andere Dichter hatten Namen, die weit weniger trivial waren als meiner – Günter Eich, Karl Krolow, Hans Magnus Enzensberger, Heinz Piontek, Paul Celan.

Ich schrieb an Hermann Hesse, schickte ihm einige Verse, die er lobte – «aber ich kann Ihnen nicht raten, ich bin selbst ein alter Mann, über den man lacht», setzte er hinzu. Ich war erschrocken und enttäuscht. Daß jemand, den ich so bewunderte, der einen Nobelpreis erhalten hatte, sich bei mir armem Schlucker beklagte, daß sein ganzer Ruhm ihn nicht vor Melancholie schützte, das paßte mir gar nicht.

So suchte ich andere Richtungen, die mich in einen erlösenden Rausch versetzten, ähnlich den ersten Gedichten, die jedoch den Vorzug hatten, noch geheim zu sein, geschützt vor der Gleichgültigkeit der Welt. Die Knospe ist kleiner als die Blüte, nutzloser als die Frucht. Aber sie kann in jede Richtung träumen, kann sein, was sie will, indem sie glaubt, zu werden, was sie möchte. Als mir der Plan zu meinem ersten Roman einfiel, zählte ich nach meinem heimlichen Kalender vom eigentlichen, bewußten Leben ein Jahr. Ich war so besessen davon, daß ich, bisher ein Teetrinker, mir um zehn Uhr nachts wie Balzac eine Kanne schwarzen Kaffee braute, leise, um die Mutter nicht zu wecken. Ich wollte schreiben, bis das Werk fertig sei. Die Sache ließ sich jedoch zäher an, als ich gedacht hatte. Die Auseinandersetzung mit der von mir geschaffenen Szene, mit dem ungewohnten Geschmack des Kaffees – sollte ich ihn schwarz trinken oder mit Milch? mit oder ohne Zucker? Balzac hatte ihn sicher schwarz und ohne Zucker getrunken! – beschäftigte mich und lenkte mich von meinem Plan ab. So blieben am Ende nur einige Seiten und ein Entwurf.

So erkannte ich, was mir fehlte: der lange Atem. Schließlich war ich in der Schule ein guter Sprinter, aber ein schlechter Langstreckenläufer gewesen. Was ich dachte, was ich mir ausmalte, geriet in den Worten, die ich fand, immer dürr, mager, blaß. Lieber als meine Schreibkunst stellte ich dann die grundsätzliche Möglichkeit in Frage, sich mit Worten auszudrücken, und schrieb darüber ein Gedicht. Anstatt liebevoll und geduldig auszugestalten, was ich in Händen hielt, hastete ich weiter. Ich wollte Erfolg sehen. Wenn ich mich zu lange mit dem beschäftigte, was ich schon geschaffen hatte und was so gar nicht meinen hohen Plänen entsprach, wurde ich mutlos. Ein neuer, noch nicht gereifter Entwurf, mit noch nicht enttäuschten Erwartungen begeisterte mich. In einer Fabel Äsops wird das Schwein beschrieben, welches unter der Eiche frißt. Während es eine Eichel zerbeißt, verschluckt es mit seinen Augen schon die nächste.

«Undankbares Tier», schilt die Eiche. «Nie wirfst du einen Blick nach oben, woher der Segen kommt, den du mit solcher Gier verschlingst!»

«Ich wollte wohl zu dir aufschauen», erwidert das Schwein, «wüßte ich, daß du die Eicheln für mich fallen läßt!»

Mir fehlten Zuhörer, Leser. Scham führte mich dazu,

gleich auf das Werk zu setzen, wie auf ein Netz, das die Aufmerksamkeit fängt, während der Autor in seinem Versteck bleiben kann. Aber ich webte es am falschen Platz, zur falschen Zeit, niemand blieb an meinen Fäden hängen. Georg, dem ich als einzigem vertraute, war viel zu sehr in seine eigenen Gedanken versponnen, um mir mehr als ein allgemeines Lob zu zollen. Jedes Scheitern führte mich dazu, die alte Lösung mit neuem Glauben zu wiederholen, wie eine Fliege, die hart gegen eine Fensterscheibe prallt und nach ihrem Absturz, aus kurzer Benommenheit erwacht, mit neuem Anlauf dasselbe versucht. Ein Beobachter von außen weiß es besser. Aber ich würde es diesem Kundigen, der weise über Wege und Umwege urteilt, durchaus gönnen, wenn er eines Tages Zeuge wird, daß die törichte Fliege in einem Klirren von Scherben das Glas durchstößt und den freien Himmel gewinnt, während er ihr ratlos nachblickt.

Ich bin diese Fliege nicht gewesen. Durch einen Zufall (wieder einen von der Sorte, die keinem Geschichtenerzähler einfallen würden) fand ich einen Ausweg. Ich hatte beim Studentenschnelldienst die Zettel durchforscht, auf denen Hilfsarbeiten angeboten wurden. Daraus wählte ich eine, die mich auch in meiner Laufbahn als Schriftsteller fördern würde: ich konnte dort meine Fähigkeit verbessern, mit der Maschine zu schreiben. Ein Zeitschriftenverlag, der das medizinische Magazin «Selecta» herausgab, suchte einen Gehilfen für Archivarbeit. Meine Fähigkeiten zu tippen reichten für kurze Gedichte, aber der Plan zu einem großen Roman konnte erst reifen, wenn ich hier mehr Sicherheit gewonnen hatte. Wenn der Gipfel in Wolken gehüllt ist, freut sich der Bergsteiger über jedes Vorgebirge, dessen Umrisse er klar erkennt. Im Mai 1960 war ich 19 geworden, zwei Jahre alt.

Wenn es in meinem Leben eine Zeitspanne gibt, die Motive der trivialen Romane aufgreift, dann diese. In einem knappen Jahr verwandelte sich das Archiv-Aschenputtel in die Redaktionsprinzessin. Die Fliege gewinnt nicht den Himmel, aber sie landet durch ein Schlupfloch in der Speisekammer. Es fing mit kleinen Artikeln für die letzte Seite («Arzt und Welt») an, meist Zeitungsausschnitte, die in einer Weise neu geschrieben werden mußten, daß niemand die Quelle identifizieren konnte. Dann sollte ich, gerade mit dem Sortieren und Einkleben obskurer Artikel beschäftigt, plötzlich zwanzig Zeilen über Homosexualität verfassen. Ich tat es, wie eine Redaktion es will: flott und auf die Zeile genau. Rasch ergriff mich die große, gütige Hand des Chefredakteurs und Herausgebers, holte mich am Schopf aus den Niederungen des Archivs in sein Nebenzimmer, verbunden mit einer Aufbesserung von acht auf zehn Mark pro Stunde. Ich sollte nur noch schreiben – was sonst?

Wissenschaftliche Originalbeiträge sind häufig sehr schwer verständlich. Sie verbergen die wesentliche Information hinter einem komplizierten Ritual, das vor allem der Rechtfertigung des Autors dient, ihn als Angehörigen der Zunft ausweist. (Später begriff ich noch, daß leeres Stroh nirgends dauerhafter gedroschen wird als in medizinischen Fachzeitschriften, deren Verlage im Gegensatz zu fast allen anderen Herausgebern wissenschaftlicher Literatur üppige Einnahmen aus den Anzeigen der Pharma-Industrie beziehen. Auch «Selecta» lebte mehr von diesen Werbeeinnahmen als von den bescheidenen Zahlungen der Abonnenten.) Der «Selecta»-Autor muß nun diesen wesentlichen Kern, appetitlich verpackt, dem Leser anbieten. Fachjournalismus, *science writing*, Wissenschaft, poetisch verpackt – Poesie, ihrer selbst und ihres Wertes unsicher, zum Zierat der nüchternen Information geworden.

Die unentschiedene Mischung meiner Fähigkeiten, die Lähmung meiner sinnlichen Erzählfreude durch eine starke Neigung zur Abstraktion, umgekehrt die Zerreißung klar gestufter Denkgebäude durch Visionen, innere Bilder – hier hatte sie ein Feld gefunden, auf dem mir scheinbar mühelos die Verwandlung meiner Schwächen in Stärken gelang. Ich schrieb wissenschaftlich korrekt und doch bildhaft, ich hatte Erfolg, ohne mich besonders anzustrengen, ich wurde gedruckt. Ich war Wissenschaftler genug, um mich für die Themen zu interessieren und mich relativ rasch in die Medizin einzuarbeiten, um die es vorwiegend ging («harte Medizin», sagte der Chefredakteur, um meiner Neigung zu den «weichen» psychosozialen Gebieten gegenzusteuern), ohne daß mich die Oberflächlichkeit vieler Informationen oder die rein reproduktive Tätigkeit langweilten und abstießen. Ich war Poet genug, um in den Metaphern, den «Aufhängern» zu Beginn der Artikel, in gelegentlichen Glossen und in der Komposition von Titelzeilen und Überschriften eine Befriedigung meiner Kreativität zu sehen.

War es nicht nützlicher, sinnvoller, Gebrauchspoesie zu verfassen, die immerhin dem einzelnen Menschen nützte? In meinen Träumen überlegte ich, daß ein guter Artikel Leben retten konnte, indem er die praktischen Ärzte aufklärte (deren Trägheit in Sachen Fortbildung in unseren Redaktionskonferenzen immer wieder als Rechtfertigung für unsere reißerischen Neigungen erwähnt wurde). «Unser Redaktionsgenie», stellte mich der Chefredakteur auf einem Tanzfest zur Faschingszeit, leicht angetrunken, aber noch längst nicht frei von Berechnung, einem Besucher vor. Ich hörte es gerne. Er meinte es ernst und spöttisch. Ich legte keinen Wert darauf, zu trennen, wieviel Ernst der Berechnung galt, daß ein schlecht bezahlter Werkstudent ebenso viele Zeilen pro Woche produzierte wie die angestellten Redakteure, wieviel Spott meinem schlecht verhehlten Dünkel. «Der Psychologe lächelt / Ganz still und hintergründig / Wer ist in diesem Stalle / Außer mir noch mündig?» So dichtete mein erster Vorgesetzter aus der Archivzeit, einer der Gründerväter von «Selecta» und später Herr einer eigenen Medizin-Zeitschrift, «Status», die sich vor allem um Geldanlagen, Reisen und Standespolitik von Ärzten kümmerte, ebenfalls reich durch Anzeigen und gern von den fortbildungsmüden Medizinern gelesen.

Jetzt hatte ich den Kreis, in dem besprochen wurde, was ich schrieb, in dem meine Vorstellungen sich an der Realität reiben konnten. Mit jedem Schritt, den ich weiter diesem Sog des Erfolgs, des Zeilenhonorars (denn was ich zu Hause schrieb, wurde als Honorararbeit weit besser bezahlt als das, was ich gegen meinen Stundenlohn verfaßte) folgte, verloren die Gedichte, die nur nahe dran waren, die Romane, die mich selbst nicht befriedigten und keinen Lektor begeistern konnten, an Bedeutung. Sie verschwanden nicht ganz, aber sie waren blasser.

Im Mai 1962 wurde ich volljährig – 21 Jahre nach der kalendarischen Zählweise, drei Jahre nach meiner privaten Rechnung. An diesem Tag bot mir der Chefredakteur bei einer Tasse Kaffee in seinem Wintergarten einen Angestelltenvertrag für eine Halbtagsstellung als Redakteur. Noch lieber hätte er es gesehen, wenn ich das Studium aufgegeben, mich ganz dem *science writing* gewidmet hätte (der Chef liebte amerikanische Ausdrücke und wollte mich mit der Aussicht auf eine Kongreßreise nach den USA ködern). Ich nahm die Stellung an, wollte aber weiter studieren. Ich stand von jetzt an im Impressum der Zeitschrift, mein Name war gedruckt, jede Woche.

Gefühle

Während ich meine Gedanken für groß hielt und mir kaum eingestehen konnte, daß ich mit dieser Einschätzung alleine blieb, schienen mir meine Gefühle klein und widerwärtig, nicht der Rede wert, gewiß nicht der großen Worte, die ich in den Büchern gefunden hatte, wenn Menschen über ihre Gefühle sprachen. Hatte ich überhaupt Gefühle? Etwas zu wissen, etwas zu können, das waren klare, gute Sachen. Aber fühlen? Es mußte noch andere Gefühle geben, größere und bessere, als jene lästigen Störungen, jenes verachtenswerte Kindische, für das ich einst ausgelacht worden war, weil mir die Erwachsenen alles angemerkt hatten, ein Gesicht, das sich allzuleicht zum Weinen verzog, eine brüchige Stimme, Zorn, rasch geweckt, hilflos in seiner Ohnmacht. Erhaben über Kränkungen wollte ich nun Argumenten, aber nicht blinden Emotionen folgen.

In der Schule kam ich mit dieser neuen Fassung gut zurecht. Aber es war eine Welt, in der die Angst regierte und es nur schwarz und weiß gab, Anpassung und Versagen. Ich fühlte mich (und schrieb ein Gedicht darüber) zugleich greisenhaft und kindlich. Das «noch nicht» verwandelte sich, ohne ein «jetzt», in das «nicht mehr». Georg war ein Begleiter auf diesem Weg. Unermüdlich in fremden Städten auf der Suche nach alten Mauern, geschnitzten Altären und Deckenfresken sprachen wir über Frauen, als seien sie ein überwundenes, abgelegtes Kapitel unserer Geschichten.

Allein vor einem Blatt Papier gewann ich Sicherheit über das Vorhandensein und den Namen meiner Gefühle. Aber wenn ich der heimlich verehrten Helga begegnete, redete ich über alles mögliche andere. Es wäre mir kitschig erschienen, Gefühle zu erwähnen. Ich war überzeugt, sie würde ihnen ebenso abschätzig begegnen wie ich selbst. Irgendwann faßte ich den Mut, ihr einige Liebesgedichte zu schikken. Sie antwortete nicht, und wenn wir uns zufällig trafen, war es wie immer. Ich blätterte im Abiturientenkalender, in dem die verschiedenen Berufsausbildungen nach Dauer und Ertrag geordnet waren. Der Deindorfer Oma zuliebe hatte ich gedacht, Pfarrer zu werden, für Helga plante ich eine Weile heimlich, Fliegerleutnant der Bundeswehr zu werden – die schnellste Möglichkeit, einer Ehefrau ein sicheres Gehalt anzubieten. Ich dachte, ich könnte Streifen in den Himmel schreiben und grämte mich erleichtert, daß dazu volle Sehschärfe ohne Brille und Farbentüchtigkeit verlangt wurden. Ich war leicht kurzsichtig und rotgrünschwach.

In den Heldenphantasien, meinem privaten Abendtheater, malte ich mir lange meine Unverwundbarkeit aus. Der in Drachenblut gebadete Siegfried war mein besonderer Liebling; an seiner Stelle hätte ich besser aufgepaßt, daß mir kein Lindenblatt zwischen die Schultern fiel, hätte mich keiner Krimhild verraten. Inzwischen hatten sich meine Phantasien verändert. Frauen öffneten sich vor mir wie ein Buch, dessen Schrift ich noch nicht entziffert hatte. Gefühle waren ein überflüssiger Luxus, wo es immer noch ums Überleben ging. Die Unverwundbarkeit spiegelt die Angst vor unheilbaren Verletzungen. Amfortas wartet vergeblich auf Parzival.

Mutter, Bruder und ich lebten in einem magischen Dreieck, das durch den Bann zusammenhielt, über Gefühle und Beziehungen nicht zu sprechen. Die Mutter hatte gesprochen. Der Vater war gefallen. Sie wollte nie wieder sprechen. Wir schwiegen es ihr nach. Nicht, daß wir traurig zusammensaßen und uns nichts zu sagen hatten. Es gab immer Themen, Fakten, Geschichten. Keine Unrichtigkeit dulden! Lieber das Essen kalt werden lassen als nicht im Lexikon nachschlagen, wenn dessen Stichwort die eigene Meinung untermauern konnte.

Nach dem Tod des Vaters hatte sich die Mutter zu den Büchern zurückgezogen. «Die meisten Menschen sind langweilig. Da lese ich lieber ein gutes Buch.» Der Bruder lebte in dem Reich der Apparate, baute aus Röhren und Dioden merkwürdige Geräte, deren Funktion ich nicht verstand. Ich fragte ihn nicht, denn ich rechnete mit keiner Antwort. Ich brauchte für jeden Schritt länger als meine Klassenkameraden, um aus diesem geschlossenen Kreis herauszukommen. Ein Beispiel ist der Tanzkurs. Die Mitschüler begannen ihn mit der siebten Klasse (seit das Gymnasium nicht mehr selbstsicher nur die eigenen Jahrgänge zählt, ist es die elfte Klasse geworden). Ich konnte nicht mitmachen. Ich hatte keinen passenden Anzug. Tanzen war albern, fand die Mutter, Verschwendung von Zeit und Geld, dummes Herumhüpfen ohne Ziel und Verstand, an Orten, wo Zigarettenrauch die Luft verpestete.

Mein erster Anzug war vom Schneider Spitzenberger an der Donauleite in Passau gefertigt, aus einem Stoff, den der Opa noch übrig hatte. Schnitt und Farbe glichen dem Anzug des Bruders, kurze Jacken und Bundhosen, passend für den Kirchgang am Sonntag und die Firmung. Als wir umgezogen waren, kaufte mir die Mutter bei Knagge und Peitz in der Kaufingerstraße einen grauen Flanellanzug. Ich mochte diesen Stoff sehr. Das Jackett war noch lange würdig und glatt, als die Hosen schon ausgebeult und fleckig um meine Beine hingen. Ich übte lange vor dem Spiegel, um einen dicken, ebenmäßigen Knoten in die Krawatte zu binden. Eine Schulfahrt nach München ins Prinzregententheater, ein Gottesdienst, gut. Aber hellgrauer Flanell paßte nicht zur Tanzstunde. Niemand konnte in einem solchen Anzug einen Abschlußball bestehen. Erst der dritte Anzug, den ich mit dem inzwischen erworbenen Wissen selbst aussuchte, hatte die rechte Mischung aus Würde und Alltagstauglichkeit, dunkelgrauer Flanell mit feinen, hellen Streifen. Ein Nyltesthemd mit Haifischkragen, ein Windsorknoten in der Krawatte mit den schrägen blauen und roten Streifen (irgendwo hatten wir eine gedruckte Anleitung gefunden, die Krawattenknoten benannte und ihr Zustandekommen veranschaulichte). Neue Schuhe, schwarz und drückend, Kernledersohlen.

So gerüstet, konnte ich den Tanzkurs angehen. Er war in Tutzing, wo Gardi und ihre Freundinnen die Schule besuchten. Dort gab es zu viele Mädchen. Ich wurde ausnahmsweise zugelassen, obwohl ich schon zwei Klassen über den meisten Teilnehmern war. Aufgeregt ging ich in den ungewohnten Klamotten den Weg vom Bahnhof zu dem Hotel, in dessen Saal die Tanzlehrerin ihr Grammophon aufgebaut hatte. Unauffällig fand ich die Seite Helgas. Wir unterhielten uns über Camus. «Was ist das Nichts?» fragte sie mit rätselhaftem Lächeln. «Ich denke oft darüber nach.» Es mißfiel mir, daß sie mich derart an Tiefsinn übertraf. Ich hätte nie zugegeben, daß ich die Frage nicht beantworten konnte. «Verglichen mit Heraklit und Parmenides», sagte ich eindrucksvoll, «haben die französischen Existentialisten nicht viel Neues zu bieten, findest du nicht auch?»

Ich freute mich, sie zu sehen, ich war entzückt von ihren blauen Augen, dem kleinen Mund, dem vollen schwarzen Haar, dem Geheimnis, das sie umgab. Sie war nicht wie andere Mädchen. Sie war einzig. Ich liebte sie. Aber nichts davon konnte ich ihr sagen. Ich fühlte mich, als sollte ich mit einer Heugabel Spaghetti essen. Ich wollte ihr doch nur näherkommen, aber alle Worte, die ich hatte, waren zu groß, zu plump, entweder aufdringlich oder unverständlich.

Die Stühle waren die Wand entlang aufgestellt. Darauf saßen die Schüler, Schäfchen und Böckchen, links und rechts aufgereiht. Die Tanzlehrerin, schlank, mit schwingendem Rock und herrischen Bewegungen, erklärte «Darf ich bitten?» und Damenwahl. Wir sollten mit dem Foxtrott anfangen. Ich war eifrig und verkrampft, versuchte einen Schleier von Zuversicht über meine Angst zu legen, traf entweder den Schritt und nicht den Takt, oder den Takt und den Fuß der Dame, «Entschuldigung!», «Macht nichts!» Am Abschlußball tanzte die Lehrerin mit der schlanken Taille, einem noch schwingenderen Rock und einem noch strengeren Ballettknoten mit mir einen Walzer. Sie übernahm energisch die Führung, was ich sehr zu schätzen wußte. Ich saß an einem Tisch mit den Eltern einer wohlgenährten, braungelockten Schülerin und war froh, als alles vorbei war. Mit Helga hatte ich kaum reden können. Ihr Vater war ebensowenig gekommen wie meine Mutter.

Alles blieb in einem Schwebezustand. Ich wartete leidenschaftlich auf jemanden, mit dem ich die Unsicherheit über meine Gefühle teilen konnte, um sie zu überwinden. Die Stelle in Platons «Symposion», wo er von den Urmenschen – rund wie Kugeln und sehr stark – und ihrer Halbierung durch die neidischen Götter spricht, paßte genau auf meinen Zustand. Ich fühlte mich unvollständig, aber es war ein schwer faßbares und unklares Gefühl, Sehnsucht, Ausschau, Erwartung. Allzuleicht konnte ich mich ablenken, die nächste Italienfahrt planen, den Fotokatalog studieren, Hebbels Tagebücher lesen.

Sehnsucht, Weltschmerz sind die Worte des vergangenen Jahrhunderts für diesen Zustand. Sie enthalten Hinweise auf diesen diffusen Mangel und auf eine Verliebtheit ins eigene Hoffen, die in sich selbst Trost findet. Solche Beschreibungen geraten leicht in die Nähe einer falschen Erhabenheit, nennen nur den Höhenflug des Drachen, nicht seinen Sturz in Pfützen. Wie leicht konnte ich mir Ablenkung verschaffen, meine Qualen auslöschen, indem ich im neuen Quellekatalog blätterte, die Anschaffung einer Kamera, einer Dunkelkammerlampe erwog oder mit dieser Bilderbibel unterm Arm, einen Finger zwischen den Seiten mit der Damenunterwäsche, zu einer ruhigen, langen Sitzung aufs Klo ging, schon ein wenig erregt vom Vorgefühl einer Runde Selbstbefriedigung mit zwei oder drei Orgasmen.

Die großen, bunten Kataloge, die sich aus ihren schwarzweißen, vorwiegend von Wäsche bestimmten Vorfahren (Witt/Weiden lag schon auf dem Deindorfer Küchentisch) entwickelt hatten, Quelle und Neckermann, waren ein Fenster in die Welt der Großstadt. Hier waren die Abstände zwischen Wunschtraum und Wirklichkeit durch Mark und Pfennig abgemessen. Wahrer Realismus, verglichen mit Hebbel, den Wahlverwandtschaften, Hamlet oder Werthers Leiden. Es war eine positive Welt, ohne Schattenseiten. Der billigste Anzug hatte Qualität, war modisch. Immer wurde vom Guten zum Besseren gesteigert, Mischgewebe, Wolle, reine Wolle, Schurwolle, reine Schurwolle. Unbedrängt von aufdringlichen Verkäufern konnten im Schoß der Familie Entscheidungen reifen wie die: Wir kaufen einen Fernseher. 399.– bei Neckermann, das können wir uns leisten. Ernst baut eine Antenne. So öffnete das papierene Fenster in die Welt den Zugang zum elektronischen. Damals gab es nur ein einziges Programm, das wir von Anfang bis Ende verfolgten. Ich war achtzehn Jahre alt geworden.

In normalen Familien steht der Fernseher im Wohnzimmer. Aber meine Mutter wollte ihn dort nicht haben. Sie wollte am Abend ungestört lesen. So kam er in das Zimmer meines Bruders, der nun aber mir auch dann Zutritt gewähren mußte, wenn er keine Lust mehr hatte, die Sendungen zu verfolgen. Der Apparat wanderte ins Fremdenzimmer.

Aber dort wurde es im Herbst kühl, es gab keine Heizung. So schafften wir ihn in den Heizungskeller, möblierten diesen mit einem alten Sofa und verwünschten die Ölpumpe, die just dann zu laufen anfing, wenn auf dem Schirm Liebesgeflüster volle Aufmerksamkeit verlangt hätte.

Isetta

Was hatte mir Vicky bedeutet, das Moped! Jede Woche wurde es liebevoll geputzt, Speiche für Speiche. Ich mußte das Felgenchrom unter der Staubschicht herausholen, den Abstand der Unterbrecherkontakte überwachen, die dunklen Gänge hinter der glänzenden Zylinderwand von Ablagerungen befreien. Jetzt, nach drei Jahren, stand Vicky im Keller. Alle Aufmerksamkeit galt Isetta, einem wirklichen Auto mit zwei Sitzen, Klappdach, einer Höchstgeschwindigkeit von fast hundert Stundenkilometern. Das Mannbarkeitsritual der Motorisierung war nicht mit einem Schritt abgeschlossen. Es forderte viele Prüfungen. Vicky hatte mir nur die erste, harmloseste abverlangt. Mopeds waren frei. Man kaufte irgendwo eine Versicherungsnummer und konnte fahren. Um ein richtiges Auto zu besitzen, mußte man den Führerschein erwerben. Nur wer ein Auto hatte, war ein richtiger Mann, hatte Chancen, daß ein Mädchen einstieg.

Ich ahnte dunkel, daß es nicht an meinem Fahrzeug lag, wenn ich keine Freundin hatte. Aber hier konnte ich etwas tun, wovon ich sicher war, daß es mich weiterbrachte in das Landesinnere des Kontinents der Erwachsenen, wo meine Zukunft auf mich wartete. So ertrug ich die bärbeißigen Kommentare des Fahrlehrers, der mich in seinem sächsischen Dialekt fragte, ob ich Schüler sei oder arbeite? Schüler und Studenten seien seiner Erfahrung nach viel zu nervös, um gute Autofahrer zu werden. Da lobe er sich die Arbeiter. Wer mit den Händen tätig sei, habe auch den Kopf dabei, nicht ständig woanders. Er merke mir an, daß ich zur Kriegsgeneration gehöre. Die sei noch einmal besonders nervös, zappelig! Ob ich beim Einfahren in eine Vorfahrtsstraße nicht lernen wolle, an der Sichtlinie zu halten, sondern auf gut Glück hineinrumple?

Ich widersprach ihm nicht, nahm mich mächtig zusammen und teilte meine Stunden so klug ein, daß ich nach zwölfen zur Prüfung kommen oder noch einige Monate hätte warten müssen. Er ließ mich grollend zu. Die Theorie machte keine Mühe. Aber vor keinem Fach hatte ich im Abitur soviel Angst gehabt wie vor der praktischen Fahrprüfung, neben mir den stummen, mißbilligenden Fahrlehrer, hinter mir einen jovialen Prüfer, der bereit war, mich beim geringsten Fehler erbarmungslos um das ersehnte Papier zu bringen. Die Pedale des Fahrlehrers waren mit Tempotaschentüchern umwickelt. Wehe, wenn er mir ins Lenkrad greifen, wenn er bremsen mußte. Die weißen Bandagen verrieten jeden Fußtritt.

In Tutzing, wo die Prüfung stattfand, gab es keine großen Schwierigkeiten zu bewältigen. Die paar Kreuzungen waren mir geläufig, Ampeln brauchte der kleine Ort nicht. Zum Einparken fand auch ein boshafter Prüfer keine Parklücke, sondern nur ein geräumiges Stück freier Straße. Ich war nicht unzufrieden mit mir. Georg hatte sechs Fahrstunden gebraucht, aber das war fünf Jahre her und sein Vater ließ ihn öfters auf einsamen Landstraßen ans Steuer. Mein Bruder, zwei Jahre älter, hatte noch keinen Führerschein. *Sein* bester Freund, der Sohn eines Bergmanns in den Kohlegruben von Penzberg, fuhr eine Ahnin unserer Vicky. Georg, *mein* bester Freund, besaß hingegen zwei eigene Autos. Da er zuwenig Geld von seinen Eltern bekam, um sie zuzulassen, durften sie nur auf den Wegen in dem großen Park benützt werden. Ich zögerte nicht, die Führung in Familienangelegenheiten an mich zu reißen. Wir brauchten ein Auto und eine Garage. Kein teueres, großes, das viel Steuer und Versicherung fraß. Klein sollte es sein, aber leistungstüchtig. An der Anschlagtafel der Gemeinde war eine BMW-Isetta angezeigt. Ein älteres Baujahr, aber von einer Dame gefahren, 18 000 Kilometer jung. In Steuer und Versicherung konkurrenzlos günstig – 250 Kubikzentimeter, achtzehn Pferdestärken.

Die Mutter ließ sich überreden. Sie beteiligte sich mit fünfzig Prozent an dem Unternehmen. Nur das Benzin, das ich selbst verfuhr, mußte ich auch selbst bezahlen. Von allen anderen Kosten – Kaufpreis, Steuer, Versicherung – übernahm sie die Hälfte. Warten wollte ich die Isetta selbst. Als ich sie zum ersten Mal sah, war ich enttäuscht. Ich hatte ein jüngeres Modell erwartet, das mein Stilgefühl mehr ansprach – gerade Seitenfenster, klar abgezeichnete Scheinwerfer. Das alte Modell war in einer unerwiderten Liebe des Konstrukteurs zum Plexiglas entstanden, mit bauchigen, bizarr gekrümmten Scheiben, die an den Schneewittchensarg von Messerschmitt erinnerten. Meine Isetta hatte ein richtiges Lenkrad, das durch ein Kardangelenk beim Öffnen der Fronttüre mitbewegt wurde. Die Schaltung lag links, der Zündschlüssel steckte unterhalb des Armaturendreiecks, das ebenfalls beim Aussteigen zur Seite schwenkte.

Mein Verhältnis zu Isetta war nicht unbekümmert und weit von jedem Draufgängertum entfernt, das einem Neunzehnjährigen gerne unterstellt wird, der sein erstes Auto fährt. Ich untersuchte Zündkerzen und Batterie, lange bevor es notwendig war, grämte mich über den unmäßigen Verbrauch von fast neun Litern Benzin auf hundert Kilometer und suchte ihn durch Einbau immer kleinerer Vergaserdüsen zu beheben, was nur unbefriedigend gelang. Ich schmierte die Gelenke der beiden vorderen Achsschenkel mit Hilfe einer selbstgefüllten Fettpresse, überwachte den Ölstand und schaltete liebevoll mit Zwischengas, um das Getriebe zu schonen. Seit ich, mit meinem Bruder zu einem Besuch nach Passau unterwegs, in Altötting Gas und Bremse für einen Augenblick verwechselte, trug die Tür eine große Beule. Ich scheute die Werkstattkosten und begnügte mich damit, die Beulenränder mit einer Rostschutzfarbe zu pflegen. Angespornt durch mein Beispiel, machte die Mutter ebenfalls den Führerschein. Sie brauchte über vierzig Fahrstunden, bestand die Prüfung und jagte mir auf unserer ersten Ausfahrt mit Isetta so viel Angst ein, daß ich sie auf halber Strecke bat, mich wieder ans Steuer zu lassen. «Ich kann mich an diese verdammte Schaltung nicht gewöhnen», sagte sie ärgerlich. «Ich brauche einen Volkswagen.» Aber sie kaufte sich keinen, blieb weiterhin passive Mitbesitzerin der Isetta und verlernte das Autofahren wieder. «Eigentlich brauche ich gar kein Auto!» Als ich nach weiteren zwei Jahren auch Isetta verließ, sie einem Bundeswehrsoldaten verkaufte und zusammen mit Georg einen Diesel-Mercedes, Modell 170, aus fünfter Hand kaufte, wollte sie von einer neuen Beteiligung nichts mehr wissen. Aber diese Ereignisse fallen in die Zeit meiner Volljährigkeit und sollen hier nicht weiter verfolgt werden.

Isetta war ein Symbol, bedeutungsvoll und nutzlos. Wenn ich mit Georg nach Italien fuhr, nahmen wir ein Auto seiner Eltern – das war praktischer. Nur einmal ließ er seinen großen Borgward 2400, einen Sechszylinder, fast geschenkt von einem Bekannten seiner Eltern, für einen Monat zu, und wir fuhren über die Alpen, bei glühender Hitze mit eingeschalteter Heizung, denn sonst kochte der Kühler bei jeder Steigung. Wenn ich in die Stadt (das heißt: nach München) mußte, fuhr ich mit dem Zug, das war billiger. Außerdem mochte ich in der Stadt nicht fahren.

Der Sinn des Symbols lag darin, Mädchen mitzunehmen.

Es fragte sich nur: welche? Helga war in einer Schule bei Reichenhall, wohin es ihren Vater verschlagen hatte. Ich besuchte sie, schlief bei ihrem Bruder, hörte lange Geschichten von ihrem Freund – eigentlich war doch ich ihr Freund? Oder nicht? Ich wußte es nicht genau – war auf einer Party, wo ich niemand kannte und Zuflucht bei einem Klavier suchte, auf dem ich den langsamen Satz der Sonate in C-Dur von Mozart spielte. Es kam mir ungerecht vor, daß die Helga meiner Briefe und die Helga, die mit mir sprach und mein Interesse gleichmütig hinnahm, so wenig miteinander gemeinsam hatten. Wenn ich ihr den Rücken kehrte, verwandelte sich die treulose Helga, die mit meiner Schwärmerei nichts anfangen konnte, in die Geliebte der Zukunft. Ich erwartete, daß sie eine Lösung fände, einen Schritt tue, um mir Klarheit zu geben. Ich rätselte an allem, was sie sagte, wie ein Orakeldeuter und fand nie eine gültige Antwort.

In dieser Situation traf ich im Zug ein Mädchen aus dem Tanzkurs. Sie machte eine Lehre in München, wollte Buchhändlerin werden und wirkte bieder, verglichen mit Helga, der Geheimnisvollen. Half dieser Mangel an Ehrfurcht, daß ich entspannter mit ihr umgehen, erste Schritte zu einer körperlichen Beziehung wagen konnte? In meinen Briefen nannte ich sie Eurydike. Sie ging auf die Rolle ein (Helga, die ich manchmal Ayesha, manchmal Alkyone taufte, tat das nie), antwortete an Orpheus, mit ihrer fließenden, kindlichen Schrift. Eigentlich wollte Eurydike Harfenistin werden. Aber die Aufnahmeprüfung in der Akademie war schwer, sie mußte viel üben, Klavier und Geige. Unter Georgs Einfluß hatte ich meinen Bruder überredet, zusammen mit mir ein altes Klavier zu kaufen. Es kostete 150.– Mark und landete, da es die Mutter nicht im Wohnzimmer haben wollte, neben dem Fernseher im Heizungskeller. Ich erstand Noten, darunter eine gebrauchte Klavierschule, und fing bald (autodidaktisch, was sonst) mit

Mozartsonaten an, weil mich einfachere Stücke auch dann nicht befriedigten, wenn ich sie nach vielem Üben einigermaßen spielen konnte. So war ich ein sachverständiger Zuhörer, konnte mitlesen und umblättern, wenn Eurydike Beethovensonaten oder Chopin spielte, Stücke, an die ich mich nie gewagt hätte. Orpheus, seine verlorene Frau und die Furien der Unterwelt, die durch Harfenmusik gezähmt werden. «Ach, ich habe sie verloren...»

Auch Eurydike schrieb Gedichte. Wir tauschten unsere Texte aus. Sie hatte weiche Hände, die immer ein wenig blau und naß waren, worunter sie litt, aufgeworfene Lippen, braune Augen, braune Locken. Ich habe sie einige Male fotografiert und war immer überrascht, wie gut sie mir auf den Bildern gefiel. Der harte Kontrast von Schwarz und Weiß gab ihr eine Klarheit und Trockenheit, die ihr sonst fehlte. Sie war weich, sanft, unentschieden, widersprach nicht, wenn ihre Mutter, eine fette, kleine Glucke, von der teueren Harfe und den schlechten Berufsaussichten einer Harfenistin redete und redete. Ich will das beste für mein Kind. Es tut mir weher als ihr, wenn die Kunst nach Brot gehen muß. Erst ein anständiger Beruf. Sie ist ja so vernünftig. Mein Mann leitet den Kirchenchor, obwohl er schwer kriegsbeschädigt ist.

Ich ging Eurydikes Mutter aus dem Weg, so gut ich konnte. Das war nicht leicht, denn meine Freundin hatte ein Familienleben, das sich sehr von meinem Zuhause unterschied und mir ausgesprochen unbehaglich war. Wenn sie mich besuchte, begrüßten wir kurz meine Mutter und zogen uns dann zurück (manchmal gingen wir auch sofort auf mein Zimmer). Eurydikes Zimmer hingegen bekam ich gar nicht zu Gesicht. Wir mußten im Wohnzimmer bleiben, die Glucke kam, der jüngere Bruder baute seine Eisenbahn auf dem Teppich, Eurydike floh zum Klavier, ich wendete ihr die Seiten um. «Wir machen einen Ausflug», sagte ich dann und nahm sie mit zur Isetta. Sie wohnte in Riedingen, einem Dorf an der Bahnlinie nach Kochel (was es recht leicht machte, die Züge zu erraten, mit denen sie morgens in die Arbeit pendelte).

Wir fuhren zu einem der Badestrände, schwammen ein wenig, wurden immer stummer. Dann suchten wir uns einen Platz, an dem uns niemand sehen konnte, wie in einer geheimen Verabredung. Sie bot mir ihren Mund, schloß die Augen, es war die Stunde der Leidenschaft, ich sollte mich hingeben, an nichts mehr denken, aber ich dachte, dachte, dachte, konnte nicht aufhören, zu beobachten, zu verarbeiten und spielte voll Scham über diese Unfähigkeit den Liebhaber, der ganz in diesen Küssen und Umarmungen aufging, dem seine Empfindungen die Sprache raubten. Die kühlen, schwitzigen Hände Eurydikes waren gelehrig und flink, sie taten, was ihnen meine Hände zeigten. Ihre Hände zeigten den meinen nichts, so daß ich auf gut Glück ihre Brüste streichelte und ein schlechtes Gewissen hatte, wenn endlich, endlich meine Empfindungen so stark wurden, daß die Gedanken für eine Weile verschwanden, bis mein Samen über ihre feuchten Hände floß und sie diese nach einer Weile scheu zurückzog.

Ich dachte an das Buch «Die vollkommene Ehe» von Van de Velde, das ich in einem Münchner Antiquariat aufgestöbert hatte. Seine Informationen über das, was wir taten, waren unbefriedigend. Ich dachte daran, wie er den Hofarzt von Kaiserin Maria Theresia zitierte, der Ihre Majestät von einer mehrere Jahre währenden Kinderlosigkeit geheilt hatte, indem er empfahl, «vulvam S. M. ante coitum diutius esse titillandam», übersetzte mir das taktvolle Latein und versuchte, Eurydikes Vulva in eben dieser Weise zu kitzeln. Aber es war uns nicht gegeben, darüber zu sprechen.

Eurydikes wehmütige Passivität lähmte mich. Helga küßte (und wieviel köstlicher waren ihre Küsse), aber sie wehrte Hände ab, die nach ihrem Ausschnitt tasteten, ihre Brüste suchten. Da war klar, wie weit ich gehen durfte. Die Zurückweisung kränkte mich, aber sie gab auch Sicherheit. Ich hätte allein entscheiden müssen. Dazu war ich nicht sicher genug. Ich schrieb ihr einen Brief voller Andeutungen und mit einer aus dem Van de Velde kopierten Knaus-Ogino-Tabelle. So wollte ich sie dazu bringen, mir zu sagen, wann sie bereit sei. Sie sagte nur, ihre Periode sei ganz unregelmäßig.

Meine Mutter schluckte und schluckte, wenn Eurydike zu Besuch kam, wir auf mein Zimmer gingen und ich das Radio laut stellte, um alle verdächtigen Geräusche zu übertönen, die durch die Schächte der Warmluftheizung hätten dringen können. Irgendwann einmal wurde es ihr zuviel. Sie rang sich schwer atmend zu einem Satz durch: «Wenn du ein uneheliches Kind kriegst, ich ziehe es nicht auf!»

Sie überschätzte mich. Aber es war mir nicht unangenehm, daß sie das tat. «Unsinn, Mutti», sagte ich. «Keine Sorge. Ich passe schon auf!»

Wolfgang Schmidbauer

Die Buchveröffentlichungen in zeitlicher Reihenfolge:

1970	Mythos und Psychologie. *Methodische Probleme, aufgezeigt an der Ödipussage*
1971	Seele als Patient. *Eine Aufklärung für Gesunde und Gefährdete*
1971	Psychotherapie. *Ihr Weg von der Magie zur Wissenschaft*
1972	Die sogenannte Aggression. *Die kulturelle Evolution und das Böse*
1972	Verwundbare Kindheit
1972	Erziehung ohne Angst. *Eine Orientierungshilfe für Eltern*
1972	Homo consumens. *Der Kult des Überflusses*
1973	Biologie und Ideologie. *Kritik der Humanethologie*
1973	Jäger und Sammler. *Als sich die Evolution zum Menschen entschied*
1974	Psychosomatik
1975	Heilungschancen durch Psychotherapie
1975	Vom Es zum Ich. *Evolutionstheorie und Psychoanalyse*
1976	Jugendlexikon Psychologie. *Einfache Antworten auf schwierige Fragen*
1977	Die hilflosen Helfer. *Über die seelische Problematik der helfenden Berufe*
1980	Alles oder nichts. *Über die Destruktivität von Idealen*
1981	Die Ohnmacht des Helden. *Unser alltäglicher Narzißmus*

1982 Im Körper zuhause.
Alternativen für die Psychotherapie
1983 Helfen als Beruf.
Die Ware Nächstenliebe
1985 Die Angst vor Nähe
1985 Tapirkind und Sonnensohn
1986 Die subjektive Krankheit.
Kritik der Psychosomatik
1986 Ist Macht heilbar?
Therapie und Politik
1987 Eine Kindheit in Niederbayern
1988 Liebeserklärung an die Psychoanalyse
1990 Ein Haus in der Toscana.
Reisen in ein verlorenes Land
1991 «Du verstehst mich nicht!»
Die Semantik der Geschlechter
1991 Partner ohne Rollen.
Die Risiken der Emanzipation
1992 Wie Gruppen uns verändern.
Selbsterfahrung, Therapie und Supervision
1992 Weniger ist manchmal mehr.
Die Psychologie des Konsumverzichts
1993 Einsame Freiheit.
Therapiegespräche mit Frauen